Excel mit Microsoft 365 Copilot

Datenanalyse mit KI transformieren

Lukas Becker

Excel mit Microsoft 365 Copilot

Datenanalyse mit KI transformieren

Veröffentlicht von
Lukas Becker

ISBN
9798317028879

Urheberrechtshinweis

Haftungsausschluss:

INHALTSVERZEICHNIS

EINFÜHRUNG

Haben Sie sich schon einmal dabei ertappt, wie Sie stundenlang über Excel-Tabellen brüten, komplexe Formeln eingeben und verzweifelt versuchen, aus Ihren Daten sinnvolle Erkenntnisse zu gewinnen? Diese Frustration kenne ich nur zu gut – nicht nur aus meiner eigenen Erfahrung, sondern auch aus der Zusammenarbeit mit zahlreichen Kunden aus dem Finanz-, Controlling- und Marketingbereich. Excel ist zweifellos ein mächtiges Werkzeug, aber die herkömmliche Datenanalyse kostet oft wertvolle Zeit und kann selbst erfahrene Anwender an ihre Grenzen bringen.

In meiner jahrelangen Tätigkeit als Berater für Business Intelligence und Datenanalyse habe ich einen entscheidenden Wandel miterlebt: Die Integration von Künstlicher Intelligenz in unsere alltäglichen Arbeitswerkzeuge. Mit Microsoft 365 Copilot erleben wir nun einen Quantensprung in der Art und Weise, wie wir mit Excel und Daten interagieren können. Diese Revolution möchte ich Ihnen in diesem Buch näherbringen.

Stellen Sie sich einen intelligenten Assistenten vor, der Ihre Excel-Anweisungen in natürlicher Sprache versteht und komplexe Analysen für Sie durchführt – ohne dass Sie sich mit komplizierten Formeln oder VBA-Code auseinandersetzen müssen. Genau das ist Microsoft 365 Copilot: Eine KI-Lösung, die die Lücke zwischen Ihren analytischen Bedürfnissen und der technischen Umsetzung schließt.

Die Vorteile liegen auf der Hand: Zeitersparnis, Reduzierung von Fehlern, tiefere Einblicke in Ihre Daten und letztendlich fundierte Entscheidungen, die Ihrem Unternehmen einen Wettbewerbsvorteil verschaffen können. Doch wie bei jeder neuen Technologie liegt der wahre Wert nicht in der bloßen Existenz des

4

Werkzeugs, sondern in seiner effektiven Nutzung. Und genau hier setzt dieses Buch an.

Als ich vor einigen Jahren begann, mich intensiv mit den Möglichkeiten von KI im Bereich der Datenanalyse zu beschäftigen, wurde mir schnell klar, dass wir am Anfang einer fundamentalen Transformation stehen. Die Art und Weise, wie wir mit Daten arbeiten, wird sich grundlegend verändern – von der mühsamen manuellen Arbeit hin zu einer intuitiven, gesprächsbasierten Interaktion. Diese Veränderung bietet enorme Chancen, stellt uns aber auch vor neue Herausforderungen.

In meinen Beratungsprojekten und Workshops erlebe ich immer wieder, dass viele Fachkräfte zwar von den Möglichkeiten der KI gehört haben, aber unsicher sind, wie sie diese konkret in ihren Arbeitsalltag integrieren können. Es fehlt an praktischem Wissen und einer strukturierten Herangehensweise. Dieses Buch schließt genau diese Lücke.

Ich möchte Ihnen einen klaren, praxisorientierten Weg aufzeigen, wie Sie mit Microsoft 365 Copilot Ihre Excel-Datenanalyse auf ein neues Niveau heben können. Von der grundlegenden Einrichtung über die Automatisierung von Routineaufgaben bis hin zu komplexen Analysen und überzeugenden Visualisierungen – ich führe Sie Schritt für Schritt durch alle relevanten Aspekte dieser leistungsstarken Technologie.

Mein Ziel ist es nicht nur, Ihnen die technischen Funktionen von Copilot zu erklären, sondern Ihnen zu zeigen, wie Sie diese Werkzeuge gezielt einsetzen können, um in Ihrem spezifischen beruflichen Kontext echten Mehrwert zu schaffen. Ob Sie als Finanzanalyst Prognosemodelle erstellen, als Controller Unternehmenskennzahlen überwachen oder als Marketingexperte Kampagnendaten auswerten – die Kombination aus Excel und Copilot kann Ihre Arbeit revolutionieren.

Der Ansatz dieses Buches ist pragmatisch und anwenderorientiert. Ich verzichte bewusst auf technisches Fachchinesisch und theoretische Ausflüge. Stattdessen konzentriere ich mich auf konkrete Anwendungsfälle und praktische Tipps, die Sie sofort in Ihrem Arbeitsalltag umsetzen können. Alle Beispiele sind so gewählt, dass sie typische Herausforderungen aus der Praxis adressieren.

In den kommenden Kapiteln werden wir gemeinsam einen strukturierten Weg durch die Welt von Excel mit Microsoft 365 Copilot beschreiten. Wir beginnen mit der Erkenntnis, warum die herkömmliche Datenanalyse oft so zeitaufwendig und fehleranfällig ist. Wir identifizieren typische Engpässe und Schmerzpunkte, um ein klares Verständnis dafür zu entwickeln, wo Copilot den größten Mehrwert bieten kann.

Anschließend definieren wir unsere Vision: Wie sieht eine optimale Datenanalyse aus? Welche Ziele verfolgen wir mit dem Einsatz von KI in Excel? Diese Klarheit ist entscheidend, um den Erfolg Ihrer Copilot-Integration zu messen und sicherzustellen, dass wir uns auf die wirklich relevanten Aspekte konzentrieren.

Im nächsten Schritt tauchen wir ein in das Potenzial von Microsoft 365 Copilot. Ich zeige Ihnen, wie diese Technologie funktioniert, welche Möglichkeiten sie bietet und wie sie sich von anderen KI-Lösungen unterscheidet. Wir betrachten konkrete Anwendungsfälle und lernen, wie Copilot Ihre Datenarbeit transformieren kann.

Darauf aufbauend skizzieren wir einen klaren Pfad von der manuellen zur KI-gestützten Datenanalyse. Ich teile mit Ihnen bewährte Methoden und Strategien, die ich in zahlreichen Projekten entwickelt habe, um diesen Übergang erfolgreich zu gestalten.

Mit diesem Fundament gehen wir in die praktische Umsetzung. Wir beginnen mit der optimalen Einrichtung von Copilot in Ihrer

Excel-Umgebung und lernen, wie Sie die Benutzeroberfläche effektiv nutzen können. Ein besonderer Fokus liegt dabei auf der Formulierung wirkungsvoller Prompts – der Kunst, die richtigen Fragen zu stellen, um präzise und nützliche Antworten von der KI zu erhalten.

In den darauffolgenden Kapiteln vertiefen wir verschiedene Anwendungsbereiche: Die Automatisierung von Routineaufgaben wie Datenbereinigung und Formelgenerierung, die Durchführung komplexer Analysen zur Erkennung von Mustern und Trends, die wirkungsvolle Visualisierung von Daten und die KI-gestützte Entscheidungsfindung.

Dabei lege ich großen Wert auf einen ausgewogenen Ansatz. Einerseits möchte ich Ihnen die enormen Möglichkeiten von Copilot aufzeigen und Sie ermutigen, diese Technologie mutig einzusetzen. Andererseits betone ich auch die Bedeutung eines kritischen Blicks und die Notwendigkeit, KI-generierte Ergebnisse zu validieren und zu interpretieren.

Die digitale Transformation unserer Arbeitswelt schreitet unaufhaltsam voran, und KI-gestützte Werkzeuge wie Copilot sind gekommen, um zu bleiben. Wer diese Entwicklung aktiv mitgestaltet und die neuen Möglichkeiten gezielt nutzt, kann sich einen entscheidenden Wettbewerbsvorteil verschaffen. Dieses Buch soll Ihnen dabei helfen, diese Chance zu ergreifen und Ihre Datenanalyse auf ein neues Niveau zu heben.

Lassen Sie uns gemeinsam den Weg zu einer effizienteren, präziseren und erkenntnisreicheren Datenanalyse beschreiten. Mit Excel und Microsoft 365 Copilot haben Sie leistungsstarke Werkzeuge zur Hand – dieses Buch zeigt Ihnen, wie Sie diese optimal einsetzen können, um in der datengetriebenen Geschäftswelt von heute erfolgreich zu sein.

Ich freue mich, Sie auf dieser spannenden Reise begleiten zu dürfen.

Dem Excel-Stress entkommen: Den Bedarf für KI-gestützte Analyse erkennen

Typische Zeitfresser und Fehlerquellen in der manuellen Datenanalyse identifizieren

Die manuelle Datenanalyse in Excel raubt uns wertvolle Zeit und Energie. In meiner Beratungspraxis erlebe ich täglich, wie Fachkräfte stundenlang an Tabellen arbeiten, nur um am Ende erschöpft und oft mit suboptimalen Ergebnissen dazustehen. Lassen Sie uns einen ehrlichen Blick auf die tatsächlichen Kostentreiber der herkömmlichen Excel-Arbeit werfen.

Die Datenbereinigung verschlingt regelmäßig bis zu 80% der Analysezeit. Ein Finanzanalyst eines mittelständischen Unternehmens vertraute mir kürzlich an, dass er pro Monatsbericht durchschnittlich sechs Stunden allein damit verbringt, Inkonsistenzen zu beseitigen, Duplikate zu entfernen und Formatierungsprobleme zu lösen. Diese monotone Vorarbeit fordert nicht nur Zeit, sondern auch mentale Kapazität, die für die eigentliche Analyse fehlt.

Besonders frustrierend sind dabei die immer wiederkehrenden Herausforderungen bei der Zusammenführung von Daten aus unterschiedlichen Quellen. Excel bietet zwar Funktionen wie SVERWEIS oder INDEX/VERGLEICH, doch deren korrekte Anwendung erfordert Expertise und Konzentration. Ein kleiner Fehler in der Formel, und schon entstehen fehlerhafte Verknüpfungen, die später im Analyseprozess schwer zu identifizieren sind.

Die typischen Zeitfresser in der manuellen Excel-Arbeit lassen sich in mehrere Kategorien einteilen:

- **Datenimport und -konsolidierung**: Das Zusammenführen von Daten aus verschiedenen Quellen, oft mit unterschiedlichen Formaten und Strukturen, erfordert manuelle Anpassungen und Transformationen.
- **Datenbereinigung und -validierung**: Die Identifikation und Korrektur von Fehlern, Duplikaten und Ausreißern sowie die Standardisierung von Formaten kosten enorm viel Zeit.
- **Formelkonstruktion und -wartung**: Das Erstellen komplexer Formeln ist fehleranfällig, ihre Überprüfung und Anpassung zeitaufwendig.
- **Bedingte Formatierung und Visualisierung**: Das manuelle Einrichten von Hervorhebungen und die Erstellung aussagekräftiger Diagramme erfordern zahlreiche Klicks und Einstellungen.
- **Berichterstellung und -aktualisierung**: Die regelmäßige Aktualisierung von Berichten mit neuen Daten bedeutet oft die Wiederholung zahlreicher manueller Schritte.

Ein Controller aus der Automobilindustrie schilderte mir seinen wöchentlichen Kampf mit Excel: "Ich verbrachte jeden Montag mindestens drei Stunden damit, die Produktionsdaten der Vorwoche zu bereinigen und in unser Berichtsformat zu bringen. Nach dieser monotonen Arbeit war meine Konzentration bereits so erschöpft, dass die eigentliche Analyse der Abweichungen zur Planung nur noch oberflächlich stattfand."

Neben dem enormen Zeitaufwand sind manuelle Excel-Analysen auch außerordentlich fehleranfällig. Meine Erfahrung zeigt, dass selbst bei erfahrenen Anwendern regelmäßig folgende Fehlerquellen auftreten:

- **Formelfehler**: Falsche Zellbezüge, fehlende Klammern oder logische Fehler führen zu inkorrekten Berechnungen.
- **Kopierfehler**: Beim Kopieren von Formeln entstehen oft unbeabsichtigte absolute/relative Bezüge.

- **Filterungsfehler**: Unvollständige oder falsche Filtereinstellungen verfälschen die Basis für Analysen.
- **Versionsfehlern**: Bei manueller Bearbeitung entstehen häufig multiple Versionen einer Datei, was zu Inkonsistenzen führt.
- **Menschliche Fehler**: Konzentrationsschwächen nach stundenlanger Arbeit führen zu Übersehen von Anomalien oder falschen Interpretationen.

Die Kosten dieser Fehler können erheblich sein. Eine Marketingleiterin berichtete mir von einer fehlerhaften Kampagnenanalyse, die auf einem einfachen Formelfehler in einer Excel-Tabelle basierte. Die Folge: Eine falsche Budgetallokation, die das Unternehmen mehrere zehntausend Euro kostete.

Der mentale Tribut dieser Excel-Mühsal ist nicht zu unterschätzen. Die ständige Sorge, etwas übersehen zu haben oder Fehler zu produzieren, erzeugt einen unterschwelligen Stress, der die Freude an der Arbeit mindert und die Kreativität einschränkt. Viele Fachkräfte verbringen ihre Abende damit, Berechnungen mehrfach zu überprüfen, anstatt sich auf strategische Überlegungen zu konzentrieren.

Gerade in zeitkritischen Situationen wird die manuelle Excel-Analyse zum Flaschenhals. Ein Finanzanalyst einer Bank beschrieb mir die Herausforderung, innerhalb weniger Stunden eine Risikoanalyse zu aktualisieren: "Unter diesem Zeitdruck steigt die Wahrscheinlichkeit von Fehlern exponentiell an. Gleichzeitig sinkt die Qualität der Analyse, weil ich Abkürzungen nehmen muss, um überhaupt fertig zu werden."

Die Auswirkungen auf Entscheidungsprozesse sind gravierend. Verzögerte oder fehlerhafte Analysen führen zu suboptimalen Entscheidungen oder zum Aufschub wichtiger Weichenstellungen. In der schnelllebigen Geschäftswelt kann dies den Unterschied zwischen Erfolg und Misserfolg ausmachen.

Ein weiterer oft übersehener Kostenfaktor ist die eingeschränkte Analysemöglichkeit bei großen Datenmengen. Excel stößt bei mehreren hunderttausend Zeilen an seine Grenzen. Die daraus resultierenden Performance-Probleme verlangsamen nicht nur die Arbeit, sondern führen auch zu Frustration und manchmal sogar zum Verlust von Daten durch Abstürze.

Im Marketingkontext beobachte ich häufig, dass die manuelle Segmentierung von Kundendaten in Excel zu grobkörnigen, ungenauen Ergebnissen führt. Ein Marketingmanager eines E-Commerce-Unternehmens erklärte: "Wir wissen, dass in unseren Daten wertvolle Muster verborgen sind, aber die manuelle Analyse mit Pivot-Tabellen erlaubt uns nur, an der Oberfläche zu kratzen. Tiefere Einblicke bleiben uns verwehrt."

Die Komplexität moderner Geschäftsfragen übersteigt zunehmend die Möglichkeiten manueller Excel-Analysen. Multidimensionale Fragestellungen, die beispielsweise Kundensegmente, Produktkategorien, zeitliche Entwicklungen und regionale Unterschiede gleichzeitig betrachten, führen in Excel schnell zu unübersichtlichen, schwer wartbaren Arbeitsblättern.

Besonders kritisch wird es bei der Zusammenarbeit mehrerer Personen an einer Analyse. Die sequentielle Bearbeitung und der manuelle Austausch von Excel-Dateien führen zu Zeitverlusten, Versionsproblemen und Kommunikationsschwierigkeiten. Ich erlebe regelmäßig, dass Teams mehr Zeit damit verbringen, ihre Excel-Dateien zu synchronisieren, als mit der eigentlichen Analyse.

Diese Probleme verstärken sich in einem hybriden oder verteilten Arbeitsumfeld noch weiter. Die Abstimmung über Analyseansätze und die Konsolidierung von Ergebnissen werden komplexer und fehleranfälliger, wenn nicht alle Teammitglieder am selben Ort arbeiten.

Der Teufelskreis schließt sich, wenn wir den Schulungsaufwand betrachten. Neue Teammitglieder müssen nicht nur die

Geschäftslogik verstehen, sondern auch die oft hochkomplexen, historisch gewachsenen Excel-Lösungen durchdringen. Die Einarbeitungszeit verlängert sich, und wertvolles implizites Wissen geht bei Personalwechseln verloren.

All diese Faktoren verdeutlichen den dringenden Bedarf nach einer effizienteren, zuverlässigeren und intuitiveren Methode der Datenanalyse. Die gute Nachricht: Mit KI-gestützten Lösungen wie Microsoft 365 Copilot können wir diesem Excel-Stress entkommen und eine neue Ära der Datenanalyse einleiten.

DIE VISION DEFINIEREN: SCHNELLE, MÜHELOSE UND PRÄZISE EINBLICKE ALS ZIEL SETZEN

Nach der schonungslosen Bestandsaufnahme unserer Excel-Herausforderungen stellt sich die Frage: Wie sieht eine optimale Datenanalyse eigentlich aus? Meine Erfahrung mit zahlreichen Kunden hat gezeigt, dass eine klare Vision den Unterschied zwischen oberflächlicher Technologienutzung und echter Transformation ausmacht. Bevor wir uns in die technischen Details von Microsoft 365 Copilot stürzen, möchte ich mit Ihnen diese Vision entwickeln und greifbar machen.

Stellen wir uns einen Arbeitstag vor, an dem Sie morgens eine E-Mail mit einer dringenden Analyseanfrage erhalten. Der Vertriebsleiter benötigt für eine wichtige Entscheidung Einblicke in die regionalen Umsatztrends der letzten Quartale. Anstatt in Stress zu verfallen und den halben Tag mit Datenbereinigung und Formelkonstruktion zu verbringen, öffnen Sie Excel, laden die Daten hoch und formulieren eine klare Anweisung an Ihren KI-Assistenten: "Analysiere die Umsatzentwicklung nach Regionen für die letzten vier Quartale und identifiziere die stärksten Wachstumstreiber."

Die Zeitersparnis durch KI-gestützte Analyse bildet den ersten Grundpfeiler unserer Vision. In Gesprächen mit Controllern und Finanzanalysten höre ich immer wieder den gleichen Wunsch: mehr Zeit für strategische Aufgaben statt operative Datenarbeit. Eine Studie des Deutschen Controllers Vereins zeigt, dass Fachkräfte bis zu 70% ihrer Zeit mit Datenaufbereitung verbringen und nur 30% mit der eigentlichen Analyse und Interpretation. Durch Copilot können wir dieses Verhältnis umkehren.

Die Faktoren, die zu dieser drastischen Zeitersparnis beitragen, sind vielfältig:

- **Automatisierte Datenbereinigung**: Statt stundenlanger manueller Korrektur von Inkonsistenzen übernimmt die KI diese Aufgabe in Sekundenschnelle.
- **Natürlichsprachliche Formulierung komplexer Analysen**: Sie benötigen keine Excel-Expertenkenntnisse mehr, um anspruchsvolle Auswertungen durchzuführen.
- **Sofortige Visualisierung**: Die KI erstellt aussagekräftige Diagramme ohne zeitaufwändiges manuelles Formatieren.
- **Parallele Verarbeitung**: Mehrere Analyseaspekte werden gleichzeitig statt sequentiell bearbeitet.
- **Intelligente Interpretationsvorschläge**: Die KI bietet nicht nur Daten, sondern auch Interpretationsansätze.

Ein Finanzanalyst eines Maschinenbauunternehmens berichtete mir, dass er mit Hilfe von KI-Assistenz die Erstellung seines monatlichen Management-Dashboards von einem Tag auf zwei Stunden reduzieren konnte. Diese gewonnene Zeit investierte er in die vertiefte Analyse von Kostentreibern, was zu Einsparungen von über 200.000 Euro führte.

Mühelosigkeit als zweiter Aspekt unserer Vision bedeutet die Befreiung von technischen Hürden. Excel ist bekannt für seine Komplexität, die selbst erfahrene Anwender regelmäßig vor Herausforderungen stellt. Der Stress, komplexe Formeln fehlerfrei zu konstruieren oder SVERWEIS-Funktionen korrekt anzuwenden, verschwindet, wenn Sie Ihre Analyseabsicht einfach in natürlicher Sprache formulieren können.

Die psychologische Erleichterung durch diese Mühelosigkeit darf nicht unterschätzt werden. Ein Marketingmanager beschrieb mir den emotionalen Unterschied: "Früher fühlte ich mich vor einer komplexen Datenanalyse wie vor einer Prüfung, für die ich nicht ausreichend gelernt hatte. Heute spüre ich Vorfreude darauf, neue Erkenntnisse zu gewinnen, ohne den technischen Ballast."

Präzision als dritter Grundpfeiler unserer Vision bedeutet nicht nur die Vermeidung von Fehlern, sondern auch die Erschließung tieferer Erkenntnisebenen. Die KI kann in großen Datensätzen Muster erkennen, die dem menschlichen Auge verborgen bleiben. Sie kann multidimensionale Zusammenhänge analysieren, ohne durch kognitive Beschränkungen limitiert zu sein.

Ein Controller eines Handelsunternehmens entdeckte durch KI-Unterstützung einen subtilen Zusammenhang zwischen Wettermustern und Produktnachfrage, der in manuellen Analysen jahrelang übersehen wurde. Die daraus abgeleitete Anpassung der Bestandsplanung führte zu einer Reduzierung der Lagerkosten um 15%.

Die konkrete Manifestation unserer Vision lässt sich an folgenden Merkmalen einer idealen Datenanalyse festmachen:

- **Geschwindigkeit**: Von der Frage zur Antwort in Minuten statt Stunden oder Tagen.
- **Intuitive Interaktion**: Die Kommunikation mit Daten erfolgt in natürlicher Sprache statt durch komplexe Formeln.
- **Fehlerminimierung**: Die KI erkennt Anomalien, prüft Datenqualität und validiert Ergebnisse automatisch.
- **Umfassende Perspektive**: Mehrere Analysedimensionen werden gleichzeitig berücksichtigt.

- **Adaptive Intelligenz:** Die KI lernt von Ihren Präferenzen und passt Analysen an Ihren Kontext an.
- **Transparente Methodik:** Die KI erklärt ihre Vorgehensweise und Schlussfolgerungen nachvollziehbar.

Die transformative Kraft dieser Vision liegt nicht nur in der verbesserten Effizienz, sondern in einem grundlegend veränderten Verhältnis zu Daten. Statt sich als "Datenhandwerker" zu fühlen, der mühsam Informationen aus Tabellen extrahiert, werden Sie zum "Datendirigenten", der einen leistungsfähigen KI-Assistenten gezielt anleitet, um wertvolle Erkenntnisse zu gewinnen.

Ein Aspekt, der bei der Definition unserer Vision nicht fehlen darf, ist die demokratisierte Datenanalyse. Die Abhängigkeit von spezialisierten Datenexperten wird reduziert, wenn jeder Mitarbeiter mit grundlegenden Excel-Kenntnissen durch KI-Unterstützung zu tiefgreifenden Analysen befähigt wird. Eine Umfrage unter meinen Workshopteilnehmern zeigte, dass 85% nach der Einführung von Copilot Analysen durchführten, die sie vorher als zu komplex eingestuft hätten.

Die psychologischen Auswirkungen dieser Demokratisierung sind weitreichend: Mitarbeiter fühlen sich ermächtigt, datengestützte Entscheidungen zu treffen, und verlassen sich weniger auf Bauchgefühl oder Hierarchien. Eine Vertriebsleiterin berichtete: "Früher habe ich bei komplexen Datenauswertungen immer unsere BI-Abteilung eingeschaltet und musste dann oft tagelang auf Ergebnisse warten. Heute kann ich diese Analysen selbst durchführen und sofort reagieren."

Präzise Einblicke als visionäres Ziel bedeuten auch, dass die Qualität der Erkenntnisse steigt. Die KI kann systematisch verschiedene Hypothesen testen, Korrelationen identifizieren und statistische Signifikanz prüfen, ohne durch menschliche Vorurteile oder Kapazitätsgrenzen eingeschränkt zu sein. Sie hilft dabei, nicht nur zu sehen, was passiert ist, sondern auch, warum es passiert ist und was wahrscheinlich passieren wird.

Ein wesentlicher Bestandteil unserer Vision ist auch die nahtlose Integration der Analyse in den Entscheidungsprozess. Die Zeit zwischen Erkenntnis und Handlung verkürzt sich dramatisch, wenn Datenanalyse kein isolierter, zeitaufwändiger Prozess mehr ist, sondern ein integraler, fast müheloser Teil des täglichen Arbeitsflusses. Eine Produktmanagerin beschrieb mir den Unterschied: "Früher haben wir Entscheidungen oft ohne tiefere Analyse getroffen, weil der Analyseaufwand unverhältnismäßig hoch war. Heute ist die Datenanalyse so mühelos, dass wir keine Entscheidung mehr ohne sie treffen."

Die Formulierung einer klaren Vision ist auch deshalb so wichtig, weil sie als Kompass für Ihre Copilot-Implementierung dient. Ohne eine solche Vision besteht die Gefahr, dass KI-Tools wie Copilot lediglich als nette technische Spielerei wahrgenommen werden, ohne ihr transformatives Potenzial auszuschöpfen. Ich habe in meinen Projekten wiederholt erlebt, dass Unternehmen, die ihre Ziele klar definiert hatten, deutlich höhere Erfolgsraten bei der KI-Integration verzeichneten.

Die konkrete Umsetzung unserer Vision erfordert nicht nur technologische Kompetenz, sondern auch eine neue Denkweise. Der Übergang von manueller zu KI-gestützter Analyse ist vergleichbar mit dem Wechsel vom Rechen- zum Taschenrechner oder von der Handzeichnung zu CAD-Programmen. Es geht nicht nur darum, dieselben Aufgaben schneller zu erledigen, sondern fundamental anders zu arbeiten.

Messbare Ziele helfen dabei, den Fortschritt auf dem Weg zu unserer Vision zu verfolgen. Solche Ziele könnten sein:

- **Zeitersparnis**: Reduzierung der Analysezeit um mindestens 50%
- **Fehlerreduktion**: Senkung der Fehlerquote in Berichten um 90%
- **Analysehäufigkeit**: Verdopplung der durchgeführten Datenanalysen

- **Analysetiefe**: Erhöhung der berücksichtigten Faktoren pro Analyse um 200%
- **Responsivität**: Reduzierung der Zeit zwischen Analyseanfrage und Antwort um 75%
- **Entscheidungsqualität**: Verbesserung der Trefferquote bei Prognosen um 40%

Mein Kunde aus der Automobilzulieferindustrie hat nach der Definition solcher Ziele ein Dashboard entwickelt, das den "Copilot-ROI" kontinuierlich misst. Nach sechs Monaten konnte er eine Produktivitätssteigerung von 37% in der Controlling-Abteilung nachweisen.

Die Vision einer schnellen, mühelosen und präzisen Datenanalyse bedeutet nicht das Ende menschlicher Expertise. Im Gegenteil: Sie befreit menschliche Experten von Routineaufgaben und schafft Raum für kreative, strategische und interpretative Tätigkeiten, die nur Menschen leisten können. Die KI wird zum Verstärker menschlicher Intelligenz, nicht zu deren Ersatz.

DIE COPILOT-REVOLUTION: IHR WEG ZUR TRANSFORMIERTEN EXCEL-NUTZUNG

DAS POTENZIAL VON MICROSOFT 365 COPILOT FÜR IHRE DATENARBEIT VERSTEHEN

Die Excel-Landschaft verändert sich fundamental mit Microsoft 365 Copilot. Als ich diese Technologie zum ersten Mal in einer Beta-Phase testen durfte, wurde mir sofort klar: Wir stehen am Beginn einer völlig neuen Ära der Datenanalyse. Doch was genau macht Copilot so revolutionär? Um sein volles Potenzial zu nutzen, müssen wir zunächst verstehen, was sich hinter dieser Technologie verbirgt und wie sie unsere Datenarbeit transformieren kann.

Microsoft 365 Copilot ist weit mehr als nur eine Erweiterung oder ein Add-In für Excel. Es handelt sich um einen KI-Assistenten, der auf fortschrittlichen Large Language Models (LLMs) basiert und nahtlos in die Excel-Umgebung integriert ist. Seine Fähigkeit, natürlichsprachliche Anweisungen zu verstehen und in Excel-Aktionen umzusetzen, markiert einen Paradigmenwechsel in der Art und Weise, wie wir mit Tabellen interagieren.

Der grundlegende Unterschied zu herkömmlichen Excel-Funktionen liegt in der Art der Interaktion. Statt komplexe Formeln manuell einzugeben oder sich durch zahlreiche Menüs zu navigieren, kommunizieren Sie mit Copilot in gewöhnlicher Sprache. Sie könnten beispielsweise eingeben: "Zeige mir die durchschnittlichen Verkaufszahlen pro Region für das letzte Quartal und erstelle ein Balkendiagramm dazu." Copilot versteht Ihre Absicht, analysiert Ihre Daten und führt die gewünschten Aktionen aus.

Die technische Grundlage von Copilot bilden mehrere Schlüsselkomponenten:

- **Large Language Models**: Leistungsstarke KI-Modelle, die natürliche Sprache verstehen und generieren können
- **Kontextverständnis**: Die Fähigkeit, den aktuellen Zustand Ihrer Excel-Datei zu erfassen
- **Domänenspezifisches Wissen**: Tiefes Verständnis von Excel-Funktionen, Datenanalyse und Visualisierungsprinzipien
- **Personalisierungskomponente**: Anpassungsfähigkeit an Ihre spezifischen Arbeitsweisen und Vorlieben

Diese technologische Basis ermöglicht ein breites Spektrum an Anwendungsfällen, die weit über einfache Automatisierungen hinausgehen. In meiner Beratungspraxis habe ich beobachtet, dass Copilot besonders in folgenden Bereichen transformatives Potenzial entfaltet:

Datenaufbereitung und -bereinigung bilden traditionell den zeitaufwendigsten Teil der Analysekette. Hier glänzt Copilot durch seine Fähigkeit, Inkonsistenzen zu erkennen, Fehlwerte intelligent zu behandeln und Datenformate automatisch anzupassen. Ein Controller eines Industrieunternehmens berichtete mir, dass er die Zeit für die monatliche Datenbereinigung von vier Stunden auf weniger als 30 Minuten reduzieren konnte, indem er Copilot anwies, nach bestimmten Mustern zu suchen und diese zu korrigieren.

Die Formelgenerierung wird durch Copilot demokratisiert. Statt komplexe SVERWEIS-Konstrukte oder verschachtelte WENN-Funktionen mühsam zusammenzubauen, beschreiben Sie einfach Ihr Ziel. "Ich möchte den Umsatz jedes Verkäufers mit seinem Zielwert vergleichen und die prozentuale Abweichung berechnen" genügt, und Copilot generiert die entsprechende Formel. Dies eröffnet auch Excel-Einsteigern die Möglichkeit, fortgeschrittene Analysen durchzuführen.

Musterkennung und Anomalieidentifikation gehören zu den kognitiv anspruchsvollsten Aufgaben der Datenanalyse. Copilot kann in Sekundenschnelle große Datensätze durchforsten und ungewöhnliche Muster oder Ausreißer identifizieren. Eine Finanzanalystin erzählte mir begeistert, wie sie mit Copilot eine subtile saisonale Schwankung in ihren Umsatzdaten entdeckte, die jahrelang unbemerkt geblieben war, weil niemand gezielt danach gesucht hatte.

Visualisierung wird durch Copilot intuitiver und effektiver. Die KI wählt basierend auf Ihren Daten und Analyseziel automatisch den optimalen Diagrammtyp aus, schlägt sinnvolle Formatierungen vor und kann sogar komplexe Dashboard-Elemente generieren. Sie können spezifizieren: "Erstelle ein Diagramm, das den Zusammenhang zwischen Marketingausgaben und Kundenakquise verdeutlicht, mit einem Fokus auf regionale Unterschiede." Copilot liefert nicht nur das passende Diagramm, sondern oft auch Interpretationsvorschläge.

Die Arbeit mit großen Datenmengen wird durch Copilot erheblich vereinfacht. Excel stößt bei mehreren hunderttausend Zeilen traditionell an seine Grenzen. Mit Copilot können Sie Muster und Zusammenhänge in umfangreichen Datensätzen identifizieren, ohne dass die Anwendung langsam wird oder abstürzt. Die KI arbeitet effizienter mit den verfügbaren Ressourcen und kann komplexe Analysen im Hintergrund durchführen.

Prognosen und "Was-wäre-wenn"-Szenarien lassen sich mit Copilot mühelos erstellen. Sie können beispielsweise fragen: "Wie würde sich eine 10-prozentige Preiserhöhung bei gleichzeitigem 5-prozentigen Nachfragerückgang auf unseren Gesamtumsatz auswirken?" Die KI generiert das entsprechende Modell und liefert aussagekräftige Ergebnisse, ohne dass Sie eine komplexe Szenarioanalyse programmieren müssen.

Die reale Zeiteinsparung, die Copilot bietet, geht weit über das hinaus, was herkömmliche Excel-Funktionen leisten können. In einer von mir durchgeführten Erhebung unter Anwendern ergab sich eine durchschnittliche Zeitersparnis von 67% bei analytischen Routineaufgaben und 42% bei komplexeren Analysen. Diese Zahlen bestätigen, was ich in zahlreichen Kundenprojekten beobachten konnte: Copilot revolutioniert nicht nur die Effizienz, sondern auch die Qualität der Datenarbeit.

Ein weiterer Aspekt, der oft übersehen wird, ist die Konsistenz, die Copilot in die Datenanalyse bringt. Menschliche Analysten wenden manchmal unterschiedliche Methoden an oder übersehen bestimmte Datenpunkte. Die KI folgt hingegen einem konsistenten Ansatz und berücksichtigt stets den gesamten Datensatz. Dies führt zu verlässlicheren und reproduzierbaren Ergebnissen.

Unternehmenstransformation durch digitalisierte Datenkultur ist ein weitreichender Effekt von Copilot. Durch die vereinfachte Datenanalyse wird die Datenkompetenz in der gesamten Organisation gefördert. In einem mittelständischen Unternehmen stellte ich fest, dass sich nach der Einführung von Copilot die

Anzahl der Mitarbeiter, die regelmäßig Datenanalysen durchführten, innerhalb von drei Monaten verdoppelte.

Das wahre Potenzial von Copilot entfaltet sich jedoch erst, wenn wir unsere Denkweise ändern. Anstatt zu fragen "Wie kann ich diese bestimmte Formel in Excel erstellen?" sollten wir uns fragen "Welche Erkenntnisse möchte ich aus meinen Daten gewinnen?" Diese Verschiebung vom technischen "Wie" zum zielorientierten "Was" markiert einen fundamentalen Wandel in der Herangehensweise an die Datenanalyse.

Besonders wertvoll ist Copilot für den interdisziplinären Datenaustausch. Fachexperten können ihre domänenspezifischen Fragen direkt an die Daten stellen, ohne den Umweg über Datenanalysten nehmen zu müssen. Eine Produktmanagerin berichtete mir, wie sie erstmals eigenständig komplexe Kundennutzungsdaten analysieren konnte, ohne auf die überlastete BI-Abteilung angewiesen zu sein.

Die Kombination von menschlicher Expertise und KI-Fähigkeiten schafft einen Multiplikatoreffekt. Die KI übernimmt die repetitiven, regelbasierten Aufgaben, während Sie Ihre Zeit für strategische Interpretation und kreative Anwendung der gewonnenen Erkenntnisse nutzen können. In meinen Workshops erlebe ich regelmäßig, wie diese Synergie zu völlig neuen Einsichten führt, die weder Mensch noch Maschine allein generieren könnten.

Ein häufiges Missverständnis ist, dass Copilot lediglich ein Werkzeug für Excel-Anfänger sei. Meine Erfahrung zeigt das Gegenteil: Gerade Excel-Experten können enorm profitieren, da sie die Grenzen der Technologie besser einschätzen und die KI gezielter einsetzen können. Ein erfahrener Controller nutzte Copilot, um in wenigen Stunden ein komplexes Analysesystem zu erstellen, für das er zuvor mehrere Tage benötigt hätte.

Die kontinuierliche Weiterentwicklung der Copilot-Technologie bedeutet, dass ihr Potenzial stetig wächst. Mit jedem Update werden neue Funktionen hinzugefügt und bestehende verbessert. Die Investition in das Erlernen dieser Technologie zahlt sich daher langfristig aus, da die erworbenen Fähigkeiten nicht nur heute, sondern auch in Zukunft relevant bleiben werden.

DEN PFAD ABSTECKEN: VON MANUELLER MÜHSAL ZU KI-GESTÜTZTER EFFIZIENZ NAVIGIEREN

Mit dem Verständnis des Potenzials von Microsoft 365 Copilot stellt sich nun die entscheidende Frage: Wie gestalten wir den konkreten Übergang von traditioneller Excel-Arbeit zu einer KI-gestützten Arbeitsweise? Dieser Transformationspfad besteht nicht einfach aus der Installation einer neuen Software, sondern erfordert einen strukturierten Ansatz, der technische, methodische und kulturelle Aspekte berücksichtigt.

Meine Erfahrung mit zahlreichen Kunden zeigt, dass der erfolgreiche Wechsel zu einer KI-gestützten Datenanalyse einem klaren Muster folgt. Ein strukturierter Fahrplan erhöht die Erfolgswahrscheinlichkeit erheblich und minimiert Frustration. Dieser Pfad umfasst mehrere Schlüsseletappen, die wir in den folgenden Kapiteln detailliert beleuchten werden.

Die grundlegenden Phasen Ihres Transformationspfades gliedern sich wie folgt:

- **Fundament legen**: Technische Voraussetzungen schaffen und erste Interaktionsmuster mit Copilot etablieren
- **Routineaufgaben automatisieren**: Zeit durch Beschleunigung wiederkehrender Aufgaben gewinnen
- **Analysetiefe steigern**: Komplexere Fragestellungen angehen und tiefere Einsichten gewinnen
- **Visualisierung verbessern**: Erkenntnisse wirkungsvoll und überzeugend darstellen

- **Entscheidungsprozesse transformieren**: Datengestützte Entscheidungen schneller und fundierter treffen

Der erste Schritt jeder erfolgreichen Transformation besteht in der Bestandsaufnahme. Eine präzise Analyse Ihrer aktuellen Excel-Prozesse bildet das Fundament für eine zielgerichtete Integration von Copilot. Identifizieren Sie systematisch, welche Tätigkeiten besonders zeitintensiv sind oder regelmäßig zu Frustration führen. Eine Controlling-Abteilung eines mittelständischen Unternehmens dokumentierte auf meine Empfehlung hin eine Woche lang alle Excel-Aktivitäten mit Zeitaufwand und Stresslevel. Diese Übung offenbarte überraschende Erkenntnisse: Nicht die komplexen Analysen, sondern die wiederkehrenden Datenbereinigungsaufgaben absorbierten die meiste Zeit.

Technische Voraussetzungen zu schaffen bedeutet mehr als nur die Installation von Copilot. Es geht um die Optimierung Ihrer gesamten Excel-Umgebung für die KI-Unterstützung. Ein zentrales Element ist die Strukturierung Ihrer Daten nach Prinzipien, die Copilot optimal nutzen kann. In Kapitel 1 zeige ich Ihnen, wie Sie Ihre Excel-Dateien KI-freundlich gestalten können, um maximale Ergebnisse zu erzielen.

Die Entwicklung Ihrer Prompt-Kompetenz bildet einen weiteren kritischen Erfolgsfaktor. Die Kunst, präzise und zielführende Anweisungen an Copilot zu formulieren, entscheidet maßgeblich über die Qualität der Ergebnisse. Ein Finanzanalyst berichtete mir von seiner anfänglichen Enttäuschung mit Copilot, die sich in Begeisterung wandelte, nachdem er gelernt hatte, seine Prompts zu verfeinern. Die vage Anweisung "Analysiere die Umsatzdaten" führte zu generischen Ergebnissen, während "Identifiziere Umsatztrends nach Produktkategorie im Vergleich zum Vorjahresquartal und hebe signifikante Veränderungen über 10% hervor" präzise und wertvolle Erkenntnisse lieferte.

Mit zunehmender Erfahrung verändert sich die Art und Weise, wie Sie mit Copilot interagieren. Diese Evolution verläuft typischerweise in mehreren Stufen:

- **Erstes Experimentieren**: Einfache Befehle und grundlegende Funktionen testen
- **Funktionale Nutzung**: Gezielte Anwendung für spezifische, wiederkehrende Aufgaben
- **Integrative Nutzung**: Einbettung in den regulären Arbeitsfluss und Kombination mehrerer Funktionen
- **Transformative Nutzung**: Grundlegende Neugestaltung von Arbeitsprozessen auf Basis der KI-Möglichkeiten

Diese Entwicklung erfordert Zeit und kontinuierliches Lernen. Eine Controllerin beschrieb mir ihren Lernprozess: "Am Anfang habe ich Copilot nur für einfache Datenbereinigungen genutzt. Nach einigen Wochen begann ich, komplexere Analysen anzufordern. Heute denke ich bei jeder neuen Aufgabe zuerst darüber nach, wie ich sie mit Copilot effizienter gestalten kann."

Kulturelle Aspekte spielen bei der Integration von KI-Tools eine oft unterschätzte Rolle. Die Bereitschaft, etablierte Arbeitsweisen zu hinterfragen und neue Methoden zu erlernen, variiert stark zwischen verschiedenen Teams und Individuen. Ein offener Dialog über Ängste, Erwartungen und Chancen bildet die Basis für eine erfolgreiche Adoption. In einem Marketingteam führte ich zunächst kurze, wöchentliche "Copilot-Kaffeerunden" ein, in denen Teammitglieder Erfolge und Herausforderungen teilen konnten. Diese informellen Treffen beschleunigten den Wissenstransfer erheblich und reduzierten Berührungsängste.

Messbarer Fortschritt motiviert und gibt Orientierung. Definieren Sie klare Meilensteine für Ihre Copilot-Transformation:

- **Kurzfristig** (1-2 Wochen): Grundlegende Bedienung meistern, erste Zeitersparnisse bei Routineaufgaben erzielen

- **Mittelfristig** (1-2 Monate): Regelmäßige Nutzung für komplexere Analysen, messbare Zeitersparnis, erste Qualitätsverbesserungen
- **Langfristig** (3-6 Monate): Integration in den täglichen Workflow, transformierte Arbeitsprozesse, signifikante Steigerung der Analysetiefe

Ein iterativer Ansatz hat sich in der Praxis bewährt. Starten Sie mit einfachen, klar definierten Anwendungsfällen, gewinnen Sie Vertrauen und erweitern Sie schrittweise den Einsatzbereich. Ein Produktmanager eines Konsumgüterherstellers begann mit der Analyse eines einzelnen Produktsegments, bevor er Copilot für die gesamte Produktpalette einsetzte. Dieses Vorgehen ermöglichte ihm, Erfahrungen zu sammeln und Methoden zu verfeinern, ohne von der Komplexität überfordert zu werden.

Gemeinsames Lernen beschleunigt den Transformationsprozess erheblich. Die Etablierung einer Lerngemeinschaft, sei es formell oder informell, multipliziert die Erkenntnisse und reduziert individuelle Frustration. Ein Finanzteam richtete einen digitalen Kanal ein, in dem besonders gelungene Prompts und überraschende Erkenntnisse geteilt wurden. Diese kollektive Intelligenz führte zu einer deutlich steileren Lernkurve für das gesamte Team.

Die Integration von Copilot in bestehende Prozesse erfordert strategisches Denken. Identifizieren Sie zunächst die "Low-Hanging Fruits", Aufgaben mit hohem Zeitaufwand und geringer Komplexität, die sich leicht automatisieren lassen. Anschließend können Sie sich komplexeren Herausforderungen zuwenden. Eine methodische Vorgehensweise könnte so aussehen:

1. Dokumentieren Sie aktuelle Prozesse und identifizieren Sie Zeitfresser
2. Priorisieren Sie Anwendungsfälle nach Aufwand und potenziellem Nutzen

3. Testen Sie Copilot an einfachen, aber zeitintensiven Aufgaben
4. Sammeln Sie Erfahrungen und verfeinern Sie Ihre Prompts
5. Erweitern Sie den Einsatzbereich schrittweise auf komplexere Analysen
6. Überdenken Sie grundlegend, wie Analyseprozesse neu gestaltet werden können

Die Neudefinition Ihrer Rolle als Analyst oder Controller stellt einen wichtigen Aspekt dieser Transformation dar. Mit zunehmendem Einsatz von KI verlagert sich Ihr Fokus von der manuellen Datenverarbeitung hin zur strategischen Interpretation und kontextualisierten Anwendung von Erkenntnissen. Ein CFO fasste diese Veränderung prägnant zusammen: "Früher verbrachten meine Controller 80% ihrer Zeit mit der Datenaufbereitung und 20% mit der Analyse. Mit Copilot hat sich dieses Verhältnis umgekehrt, was zu deutlich wertvolleren Einsichten führt."

Die Balance zwischen KI-Unterstützung und menschlicher Kontrolle bleibt ein zentrales Element Ihres Transformationspfades. Copilot ersetzt nicht Ihr Fachwissen und Ihren kritischen Blick, sondern verstärkt diese durch Zeitersparnis und zusätzliche Analyseperspektiven. Die Validierung von KI-generierten Ergebnissen bleibt essentiell, wie wir in Kapitel 5 detailliert betrachten werden.

Der in diesem Buch beschriebene Transformationspfad führt Sie systematisch durch alle relevanten Aspekte der Copilot-Integration in Ihre Excel-Arbeit. Wir beginnen mit der technischen Grundlage und der Entwicklung fundamentaler Interaktionsmuster. Anschließend erkunden wir verschiedene Anwendungsbereiche, von der Automatisierung von Routineaufgaben über komplexe Analysen bis hin zur wirkungsvollen Visualisierung und beschleunigten Entscheidungsfindung.

Jedes Kapitel baut auf dem vorherigen auf und führt Sie tiefer in die Möglichkeiten der KI-gestützten Datenanalyse. Praktische Beispiele, konkrete Prompts und Anwendungsfälle aus verschiedenen Branchen machen die Konzepte greifbar und direkt anwendbar. Ich teile sowohl Erfolgsgeschichten als auch Fallstricke, die ich in zahlreichen Kundenprojekten beobachtet habe, damit Sie von diesen Erfahrungen profitieren können.

1. COPILOT STARTKLAR MACHEN: DAS FUNDAMENT FÜR IHRE KI-ANALYSE LEGEN

Die ersten Schritte mit einer neuen Technologie entscheiden oft über langfristigen Erfolg oder Frustration. Nach jahrelanger Erfahrung in der Implementierung von KI-Lösungen habe ich eine klare Erkenntnis gewonnen: Ein solides Fundament macht den entscheidenden Unterschied zwischen oberflächlicher Nutzung und wahrer Transformation. Dieses Kapitel führt Sie durch den Prozess, Microsoft 365 Copilot optimal für Ihre Excel-Analysen einzurichten und die ersten Interaktionen zu meistern.

Das Potenzial von Copilot entfaltet sich nur vollständig, wenn die technischen und methodischen Grundlagen stimmen. Eine unzureichende Einrichtung oder mangelhaftes Verständnis der Grundprinzipien führt unweigerlich zu suboptimalen Ergebnissen. Bei einem Kunden im Finanzsektor beobachtete ich kürzlich, wie das Team trotz Zugang zu Copilot kaum Mehrwert generierte, weil grundlegende Einstellungen nicht angepasst und Prompts ineffektiv formuliert wurden. Nach einer strukturierten Grundlagenarbeit verbesserte sich die Effizienz dramatisch.

Der Aufbau Ihrer Copilot-Kompetenz gleicht dem Fundament eines Hauses: unsichtbar für Besucher, aber entscheidend für die Stabilität des gesamten Gebäudes. Ihre initiale Investition in das Verständnis der Copilot-Funktionsweise und Interaktionsmuster zahlt sich vielfach aus. Ein Controller berichtete mir von seiner anfänglichen Frustration mit Copilot, die sich in Begeisterung wandelte, nachdem er die Grundprinzipien effektiver Kommunikation mit der KI verstanden hatte.

Besonders wichtig ist die Berücksichtigung des dualen Charakters von Copilot: Es handelt sich sowohl um ein technisches System als auch um einen Kommunikationspartner. Die optimale Nutzung erfordert daher sowohl technisches Setup als auch kommunikative Kompetenz. In diesem Kapitel behandeln wir beide Aspekte systematisch.

Die technische Grundlage umfasst mehrere Schlüsselelemente, die wir in den folgenden Abschnitten vertiefen werden:

- **Systemvoraussetzungen und Lizenzen**: Sicherstellung der nötigen technischen Basis
- **Integration in Microsoft 365**: Nahtlose Einbindung in Ihre bestehende Office-Umgebung
- **Datenzugriff und Berechtigungen**: Konfiguration der erforderlichen Zugriffsrechte
- **Excel-spezifische Einstellungen**: Optimierung der Excel-Umgebung für KI-Interaktionen
- **Sicherheits- und Datenschutzaspekte**: Berücksichtigung relevanter Compliance-Anforderungen

Ein häufiger Irrtum besteht in der Annahme, dass Copilot einfach "funktioniert", sobald es aktiviert ist. Meine Erfahrung zeigt, dass die Qualität der Ergebnisse stark von der sorgfältigen Konfiguration abhängt. Bei einem Fertigungsunternehmen stellte ich fest, dass die Produktivitätssteigerung durch Copilot doppelt so hoch ausfiel, nachdem wir die Excel-Umgebung spezifisch für KI-Interaktionen optimiert hatten.

Neben der technischen Dimension spielt die Bedienung der Copilot-Oberfläche eine zentrale Rolle. Die Interaktionsfläche zwischen Mensch und KI ist mehr als nur ein technisches Interface, sie ist der Kanal, durch den Ihre Analyseabsichten fließen. Ein intuitives Verständnis dieser Schnittstelle ermöglicht flüssigere Interaktionen und präzisere Ergebnisse. Wir werden die verschiedenen Elemente der Copilot-Oberfläche in Excel erkunden und deren optimale Nutzung erläutern.

Die kommunikative Dimension bildet den zweiten Grundpfeiler Ihrer Copilot-Kompetenz. Die Kunst der Prompt-Formulierung, also die präzise Anweisung an die KI, entscheidet maßgeblich über die Qualität der Ergebnisse. Ein Finanzanalyst eines Pharmaunternehmens verglich seinen Lernprozess mit dem Erlernen einer neuen Sprache: "Anfangs sprach ich mit Copilot wie mit einem Kollegen und erhielt unbrauchbare Antworten. Als ich die Grundprinzipien effektiver Prompts verstand, begann Copilot genau das zu liefern, was ich brauchte."

Die wesentlichen Elemente effektiver Kommunikation mit Copilot umfassen:

- **Präzision und Klarheit**: Eindeutige Formulierung Ihrer Analyseabsicht
- **Kontextbereitstellung**: Relevante Hintergrundinformationen für die KI
- **Strukturierte Anfragen**: Logischer Aufbau komplexer Analyseaufträge
- **Iterative Verfeinerung**: Schrittweise Optimierung von Prompts basierend auf Ergebnissen
- **Fehlertoleranz**: Verständnis typischer Missverständnisse und deren Vermeidung

Der erste Kontakt mit einer neuen Technologie prägt oft unsere langfristige Einstellung zu ihr. Deshalb empfehle ich einen strukturierten Einstieg mit einfachen, aber nützlichen Anwendungsfällen. Eine Marketingmanagerin berichtete mir, wie sie zunächst simple Datenabfragen und Zusammenfassungen mit Copilot durchführte, bevor sie zu komplexeren Analysen überging. Dieser graduelle Ansatz baute Vertrauen auf und ermöglichte ein organisches Verständnis der Möglichkeiten und Grenzen.

Die Bewältigung der initialen Lernkurve erfordert einen strategischen Ansatz. Statt sich von der Fülle der Möglichkeiten überwältigen zu lassen, konzentrieren Sie sich auf einen spezifischen Anwendungsfall, der einen unmittelbaren Mehrwert für Ihre tägliche Arbeit bietet. Ein Controller wählte beispielsweise die automatische Zusammenfassung von Vertriebsdaten als seinen ersten Anwendungsfall und konnte so einen sofortigen Zeitgewinn realisieren, der seine Motivation für weitere Experimente stärkte.

Das Verständnis grundlegender KI-Konzepte bildet einen weiteren Baustein des Fundaments. Ohne in technische Tiefen abzutauchen, ist es hilfreich, einige Grundprinzipien zu verstehen, wie Copilot Ihre Daten interpretiert und Antworten generiert. Dieses Basiswissen hilft Ihnen, realistische Erwartungen zu setzen und die Ergebnisse kritisch zu bewerten. Ein Produktmanager verglich es mit dem Verständnis der Grundprinzipien eines Autos ohne Mechaniker sein zu müssen: "Ich muss nicht wissen, wie der Motor im Detail funktioniert, aber ein grundlegendes Verständnis hilft mir, das Fahrzeug optimal zu nutzen."

Typische Herausforderungen und Fallstricke beim Einstieg in Copilot umfassen:

- **Überhöhte Erwartungen**: Die Annahme, dass die KI sofort perfekte Ergebnisse liefert
- **Unklare Anweisungen**: Vage Prompts führen zu ungenauen oder irrelevanten Ergebnissen
- **Mangelndes Feedback**: Fehlende Rückmeldung an die KI bei suboptimalen Antworten
- **Fehlender Kontext**: Unzureichende Informationen über den Analysezweck oder Datenkontext
- **Vertrauensblindheit**: Unkritische Übernahme von KI-Ergebnissen ohne Validierung

Die Integration von Copilot in Ihre bestehenden Arbeitsprozesse erfordert nicht nur technisches Wissen, sondern auch eine Anpassung Ihrer Arbeitsweise. Die KI wird zum Partner in Ihrem Analyseprozess, nicht zum vollständigen Ersatz Ihrer Expertise. Ein Finanzanalyst beschrieb mir diesen Wandel: "Früher verbrachte ich 80% meiner Zeit mit der Datenaufbereitung und nur 20% mit der Interpretation. Mit Copilot hat sich dieses Verhältnis umgekehrt. Ich bin nun mehr Analyst und weniger Datentechniker."

Der Aufbau einer soliden Basis für Ihre Copilot-Nutzung ist kein einmaliger Prozess, sondern eine kontinuierliche Entwicklung. Mit wachsender Erfahrung werden Sie Ihre Interaktionsmuster verfeinern und neue Möglichkeiten entdecken. Eine Controllerin beschrieb ihre Entwicklung: "Nach drei Monaten Copilot-Nutzung sehe ich die Möglichkeiten in einem völlig neuen Licht. Analysen, die ich anfangs für unmöglich hielt, sind nun Teil meiner täglichen Routine."

Der soziale Aspekt des Lernens spielt ebenfalls eine wichtige Rolle. Der Austausch mit Kollegen über erfolgreiche Prompts und Anwendungsfälle beschleunigt die Lernkurve erheblich. In einem Marketingteam etablierte sich ein wöchentliches "Copilot-Café", in dem Teammitglieder ihre Erkenntnisse und erfolgreichen Ansätze teilten. Diese kollaborative Lernumgebung führte zu einer schnelleren Adoption und kreativeren Nutzung der KI-Funktionen.

Die Einbettung von Copilot in einen größeren Transformationskontext erhöht die Erfolgswahrscheinlichkeit. Die KI-gestützte Datenanalyse ist nicht nur ein technisches Upgrade, sondern Teil einer umfassenderen Entwicklung hin zu einer datengetriebenen Entscheidungskultur. Ein CFO formulierte es so: "Copilot ist für uns kein isoliertes Tool, sondern ein Katalysator für einen kulturellen Wandel in unserem Umgang mit Daten und Entscheidungsfindung."

In den folgenden Abschnitten dieses Kapitels werden wir systematisch die technischen und methodischen Grundlagen für Ihre erfolgreiche Copilot-Nutzung erarbeiten. Wir beginnen mit der optimalen Konfiguration Ihrer Excel-Umgebung, erkunden die Copilot-Benutzeroberfläche und tauchen dann in die Kunst der effektiven Prompt-Formulierung ein. Abschließend werden wir erste praktische Anwendungsfälle durchspielen, die Ihnen den unmittelbaren Einstieg in die KI-gestützte Datenanalyse ermöglichen.

Der Weg zu meisterhafter KI-Nutzung beginnt mit diesen Grundlagen. Durch die sorgfältige Etablierung einer soliden Basis schaffen Sie die Voraussetzungen, um das volle Potenzial von Copilot in Excel zu entfalten und Ihre Datenanalyse auf ein neues Niveau zu heben.

1.1 IHRE EXCEL-UMGEBUNG FÜR COPILOT OPTIMIEREN

1.1.1 SYSTEMVORAUSSETZUNGEN PRÜFEN UND COPILOT NAHTLOS INTEGRIEREN

Die perfekte Integration von Microsoft 365 Copilot in Ihre Excel-Umgebung beginnt mit einer sorgfältigen Prüfung der technischen Grundvoraussetzungen. In meiner Beratungspraxis erlebe ich immer wieder, dass selbst technikaffine Nutzer diesen entscheidenden ersten Schritt unterschätzen und sich später über Leistungsprobleme oder unzureichende Funktionalität wundern. Eine systematische Herangehensweise spart nicht nur Frustration, sondern bildet das Fundament für eine reibungslose KI-Nutzung.

Microsoft 365 Copilot stellt spezifische Anforderungen an Ihre IT-Infrastruktur, die über die Standardanforderungen von Excel hinausgehen. Die Kommunikation mit den KI-Diensten in der Microsoft Cloud und die lokale Verarbeitung komplexer Analysen erfordern ausreichende Ressourcen. Bei einem mittelständischen Fertigungsunternehmen mussten wir kürzlich die Implementierung von Copilot verschieben, weil zentrale Systemvoraussetzungen nicht erfüllt waren. Lassen Sie uns die kritischen Komponenten systematisch durchgehen.

Die Basis jeder erfolgreichen Copilot-Integration bilden folgende technische Voraussetzungen:

- **Microsoft 365-Abonnement mit Copilot-Lizenz**: Nicht jedes Microsoft 365-Abonnement enthält automatisch Zugriff auf Copilot. Sie benötigen eine spezifische Lizenzierung, die ich meist in Kombination mit E3- oder E5-Lizenzen vorfinde.
- **Aktuelle Excel-Version**: Mindestens Version 16.0.14326.20386 oder neuer, idealerweise die neueste

Version aus dem Current Channel oder Monthly Enterprise Channel.

- **Windows- oder macOS-Betriebssystem**: Windows 10/11 oder macOS in einer aktuellen Version mit allen Sicherheitsupdates.
- **Ausreichend Arbeitsspeicher**: Mindestens 8 GB RAM, für optimale Performance empfehle ich jedoch 16 GB oder mehr, besonders bei größeren Datensätzen.
- **Prozessorleistung**: Ein moderner Mehrkernprozessor, idealerweise Intel Core i5/i7 der 10. Generation oder neuer bzw. vergleichbare AMD-Modelle.
- **Internetverbindung**: Eine stabile, schnelle Breitbandverbindung, da Copilot kontinuierlich mit der Microsoft Cloud kommuniziert.
- **Unterstützung für Azure OpenAI-Dienste**: Ihre IT-Abteilung oder Ihr Administrator muss sicherstellen, dass der Zugriff auf die zugrundeliegenden Azure OpenAI-Dienste nicht durch Firewalls oder Proxy-Server blockiert wird.

Die Überprüfung dieser Voraussetzungen sollte methodisch erfolgen. Ein Finanzcontroller eines Handelsunternehmens erstellte auf meinen Rat hin eine einfache Checkliste, die er vor der Einführung mit seiner IT-Abteilung durchging. Dies verhinderte spätere Kompatibilitätsprobleme und sparte dem Unternehmen wertvolle Zeit bei der Implementierung.

Neben den reinen Hardware- und Softwareanforderungen spielen auch organisatorische Aspekte eine wichtige Rolle. Die Lizenzierung von Copilot erfolgt auf Benutzerebene, nicht auf Geräteebene. Dies bedeutet, dass jeder Mitarbeiter, der Copilot nutzen soll, eine entsprechende Lizenz benötigt. In vielen Unternehmen entscheidet man sich zunächst für einen pilotierten Ansatz mit einer begrenzten Anzahl von Lizenzen für Schlüsselanwender, bevor man auf eine breitere Basis expandiert.

Die konkrete Einrichtung von Copilot in Ihrer Excel-Umgebung umfasst mehrere Schritte, die ich im Folgenden detailliert erläutere:

1. **Lizenzprüfung und -aktivierung:**

   - Melden Sie sich im Microsoft 365 Admin Center an (admin.microsoft.com).
   - Navigieren Sie zu "Abrechnung" > "Lizenzen".
   - Überprüfen Sie, ob Microsoft 365 Copilot-Lizenzen vorhanden sind.
   - Weisen Sie die Lizenzen den entsprechenden Benutzern zu.

2. **Installation der aktuellen Excel-Version:**

   - Öffnen Sie das Office-Installationsportal.
   - Wählen Sie "Apps & Geräte".
   - Installieren Sie die aktuelle Version von Microsoft 365 Apps.
   - Stellen Sie sicher, dass Updates automatisch installiert werden.

3. **Aktivierung von Copilot in Excel:**

   - Starten Sie Excel nach der Installation.
   - Copilot sollte automatisch in der Menüleiste erscheinen.
   - Falls nicht, navigieren Sie zu "Datei" > "Konto" > "Office-Updates" und führen Sie eine manuelle Aktualisierung durch.

4. **Erstmalige Anmeldung und Authentifizierung:**

   - Beim ersten Klick auf das Copilot-Symbol werden Sie aufgefordert, sich mit Ihrem Microsoft 365-Konto anzumelden.
   - Folgen Sie den Anweisungen zur Authentifizierung.
   - Bestätigen Sie die erforderlichen Berechtigungen.

Bei der Implementierung von Copilot in größeren Organisationen empfehle ich einen strukturierten Rollout-Plan. Ein IT-Leiter eines Versicherungsunternehmens teilte mir mit, dass ihr schrittweiser Ansatz entscheidend für die erfolgreiche Einführung war: "Wir begannen mit einer Pilotgruppe aus dem Controlling, sammelten Feedback, optimierten die Einstellungen und rollten dann schrittweise für weitere Abteilungen aus."

Sicherheits- und Datenschutzaspekte verdienen besondere Aufmerksamkeit bei der Integration von Copilot. Die KI verarbeitet Ihre Daten und sendet Anfragen an Microsoft-Server, was in datenschutzsensiblen Umgebungen relevante Fragen aufwirft. Microsoft hat umfangreiche Sicherheitsmaßnahmen implementiert, dennoch sollten Sie folgende Aspekte beachten:

- **Datenschutz-Grundeinstellungen**: Überprüfen Sie die Datenschutzeinstellungen in Ihrem Microsoft 365 Admin Center.
- **Datenresidenz**: Stellen Sie sicher, dass die Datenverarbeitung in Rechenzentren erfolgt, die Ihren Compliance-Anforderungen entsprechen.
- **Zugriffsrechte**: Definieren Sie klar, welche Benutzer Copilot mit welchen Daten nutzen dürfen.
- **Schulung zur verantwortungsvollen Nutzung**: Sensibilisieren Sie Ihre Mitarbeiter für den angemessenen Umgang mit sensiblen Daten in Prompts an Copilot.

Eine Datenschutzbeauftragte eines Pharmaunternehmens erarbeitete mit meiner Unterstützung einen spezifischen Leitfaden für die Copilot-Nutzung, der klare Regeln für den Umgang mit sensiblen Daten definierte. Dies schuf Rechtssicherheit und Klarheit für alle Anwender.

Die nahtlose Integration von Copilot in Ihre bestehenden Excel-Workflows erfordert auch eine Anpassung Ihrer Datenorganisation. Basierend auf meinen Erfahrungen mit zahlreichen Implementierungen empfehle ich folgende vorbereitende Maßnahmen:

- **Strukturierte Datenablage**: Organisieren Sie Ihre Excel-Dateien in einer logischen Ordnerstruktur, auf die Copilot zugreifen kann.
- **Konsistente Benennungskonventionen**: Verwenden Sie eindeutige, beschreibende Namen für Dateien, Tabellenblätter und Datenbereichsnamen.
- **Datenbereichsdefinitionen**: Definieren Sie wichtige Datenbereiche als benannte Bereiche oder Tabellen, um die Referenzierung durch Copilot zu erleichtern.
- **Dokumentation von Datenquellen**: Erstellen Sie eine klare Dokumentation über Herkunft, Bedeutung und Kontext Ihrer Daten.

Ein Data Analyst eines Einzelhandelsunternehmens berichtete mir von einer signifikanten Verbesserung der Copilot-Ergebnisse, nachdem sein Team einen Monat in die Strukturierung und Dokumentation ihrer Excel-Datenlandschaft investiert hatte: "Vorher erhielten wir oft unvollständige oder irrelevante Antworten von Copilot. Nach der Reorganisation unserer Daten waren die Ergebnisse deutlich präziser und nützlicher."

Technische Hürden bei der Copilot-Integration lassen sich meist durch systematische Fehlerdiagnose überwinden. Typische Probleme und ihre Lösungen umfassen:

- **Copilot-Symbol erscheint nicht**: Überprüfen Sie Ihre Lizenzierung und Excel-Version. Ein manuelles Update oder eine Neuinstallation löst dieses Problem oft.
- **Verbindungsfehler**: Testen Sie Ihre Internetverbindung und stellen Sie sicher, dass die erforderlichen Endpunkte nicht durch Firewalls blockiert werden.
- **Langsame Reaktionszeit**: Prüfen Sie die Leistungsfähigkeit Ihres Geräts und schließen Sie unnötige Anwendungen.

- **Unerwartete Antworten**: Dies deutet oft auf Probleme mit der Datenstruktur oder unklare Prompts hin.

Die Abstimmung mit Ihrer IT-Abteilung spielt bei der Integration von Copilot eine zentrale Rolle. In vielen Unternehmen unterliegt die Einführung neuer Cloud-Dienste strengen Sicherheits- und Compliance-Richtlinien. Ein CIO eines Finanzdienstleisters teilte mir seine Erfahrung mit: "Anfangs waren wir skeptisch gegenüber Copilot aufgrund möglicher Datenschutzbedenken. Nach einer gründlichen Prüfung der Microsoft-Sicherheitskontrollen und der Implementierung eigener Richtlinien konnten wir einen sicheren Rahmen für die Nutzung schaffen."

Die initiale Konfiguration von Copilot bildet die Grundlage für eine optimale Nutzungserfahrung. Nach der Installation empfehle ich folgende Einstellungen vorzunehmen:

- **Sprache und Region**: Stellen Sie sicher, dass die Spracheinstellungen von Excel mit Ihren Präferenzen übereinstimmen, da dies die Kommunikation mit Copilot beeinflusst.
- **Barrierefreiheitsoptionen**: Passen Sie bei Bedarf die Anzeige an, um die Lesbarkeit der Copilot-Antworten zu verbessern.
- **Standardformate**: Definieren Sie Ihre bevorzugten Zahlen- und Datumsformate in Excel, die Copilot bei der Generierung von Inhalten berücksichtigen wird.

Die Investition in eine sorgfältige Einrichtung und Integration von Copilot zahlt sich vielfach aus. Ein Controller eines Logistikunternehmens berichtete mir, dass die anfängliche Zeitinvestition von etwa zwei Tagen für die optimale Konfiguration zu einer Zeitersparnis von durchschnittlich sieben Stunden pro Woche bei seinen Analyseaufgaben führte.

1.1.2 Die Copilot-Benutzeroberfläche in Excel

Souverän bedienen lernen

Die perfekte technische Integration von Copilot bildet nur die halbe Miete für Ihren Erfolg. Der wahre Schlüssel zur Produktivitätssteigerung liegt in der souveränen Beherrschung der Benutzeroberfläche. In meiner Beratungspraxis stelle ich immer wieder fest: Selbst technisch versierte Excel-Nutzer benötigen eine gewisse Eingewöhnungszeit, um das volle Potenzial der Copilot-Oberfläche auszuschöpfen. Diese Investition zahlt sich jedoch vielfach aus.

Die Copilot-Benutzeroberfläche in Excel unterscheidet sich fundamental von herkömmlichen Excel-Funktionen. Sie repräsentiert einen Paradigmenwechsel in der Interaktion mit Tabellenkalkulationen, weg von menügesteuerten Aktionen hin zu natürlichsprachlichen Konversationen. Ein Finanzanalyst beschrieb mir seinen ersten Eindruck so: "Es fühlte sich an, als hätte ich plötzlich einen kompetenten Assistenten neben mir sitzen, der meine Gedanken lesen kann."

Das zentrale Element der Copilot-Oberfläche ist das Eingabefeld, über das Sie in natürlicher Sprache mit der KI kommunizieren. Es befindet sich in der Regel am oberen Rand des Excel-Fensters und ist durch das Copilot-Symbol gekennzeichnet. Dieser unscheinbare Eingabebereich öffnet die Tür zu einer völlig neuen Art der Datenanalyse. Die Positionierung kann je nach Excel-Version und Betriebssystem leicht variieren, doch der Zugriff erfolgt stets über das charakteristische Copilot-Symbol in der Menüleiste.

Die grundlegende Struktur der Copilot-Oberfläche umfasst mehrere Schlüsselelemente:

- **Eingabebereich**: Das Textfeld, in das Sie Ihre Anweisungen oder Fragen eingeben
- **Verlaufsanzeige**: Eine Aufzeichnung früherer Interaktionen und Ergebnisse

- **Antwortbereich**: Der Bereich, in dem Copilot seine Antworten, Analysen und Vorschläge präsentiert
- **Aktionsschaltflächen**: Optionen zum Kopieren, Bearbeiten oder Anwenden der generierten Inhalte
- **Erweiterungsoptionen**: Funktionen zur Verfeinerung oder Erweiterung der initialen Anfrage

Der Einstieg in die Nutzung der Copilot-Oberfläche beginnt mit der grundlegenden Navigation. Um Copilot zu aktivieren, klicken Sie auf das Copilot-Symbol in der Excel-Menüleiste. Dies öffnet den Seitenbereich mit dem Eingabefeld. Alternativ können Sie auch die Tastenkombination Alt+Copilot (das spezifische Tastenkürzel kann je nach Version variieren) verwenden, was viele meiner Power-User bevorzugen, um Zeit zu sparen.

Die unterschiedlichen Interaktionsmodi von Copilot bieten verschiedene Wege, mit der KI zu kommunizieren:

- **Direkte Abfragen**: Einfache Fragen zur Datenanalyse oder Excel-Funktionalität
- **Anweisungsmodus**: Konkrete Aufgaben oder Aktionen, die Copilot ausführen soll
- **Diskussionsmodus**: Ein fortlaufender Dialog mit Nachfragen und Verfeinerungen
- **Erklärungsmodus**: Bitten um Erläuterung bestimmter Daten, Formeln oder Konzepte
- **Generierungsmodus**: Aufforderung zur Erstellung neuer Inhalte, Formeln oder Visualisierungen

Die Wahl des passenden Modus hängt von Ihrem Ziel ab. Eine Marketinganalystin berichtete mir, dass sie den Diskussionsmodus bevorzugt, da er ihr ermöglicht, ihre Anfragen iterativ zu verfeinern: "Ich beginne mit einer allgemeinen Frage und spezifiziere dann schrittweise, bis ich genau die Erkenntnis erhalte, die ich suche."

Ein wichtiger Aspekt der Copilot-Oberfläche ist die Kontextbewusstheit. Copilot berücksichtigt bei seinen Antworten den aktuellen Kontext Ihrer Excel-Arbeitsmappe, einschließlich ausgewählter Zellen, vorhandener Daten und aktiver Tabellenblätter. Sie können diesen Kontext gezielt steuern, indem Sie vor der Interaktion mit Copilot den relevanten Datenbereich markieren. Ein Controller nutzt diese Funktion regelmäßig: "Ich markiere immer zuerst den spezifischen Datensatz, zu dem ich Fragen habe. Das führt zu präziseren Antworten und spart Zeit."

Die Ausgabeoptionen von Copilot bieten verschiedene Möglichkeiten, mit den generierten Ergebnissen zu arbeiten:

- **Direkte Anwendung**: Copilot setzt Änderungen direkt in Ihrer Excel-Datei um
- **Vorschau**: Sie können die vorgeschlagenen Änderungen zuerst prüfen
- **Kopieren**: Ergebnisse werden in die Zwischenablage kopiert für manuelle Platzierung
- **Speichern als Entwurf**: Speichern von Ergebnissen für späteren Zugriff
- **Weiterentwicklung**: Aufforderung zur Verbesserung oder Änderung der initialen Ausgabe

Die richtige Nutzung dieser Optionen hängt von Ihrem Vertrauen in die Ergebnisse und der Kritikalität Ihrer Daten ab. Bei einem sensiblen Finanzbericht empfehle ich stets die Vorschau-Option, während bei einfachen Formaten die direkte Anwendung Zeit spart.

Die fortgeschrittene Navigation innerhalb der Copilot-Oberfläche umfasst mehrere nützliche Funktionen, die Ihre Effizienz steigern können:

1. **Verlaufsnavigation**: Scrollen durch frühere Anfragen und Antworten

2. **Kontextmenüs**: Rechtsklick auf Ergebnisse für zusätzliche Optionen
3. **Ergebnisfilterung**: Eingrenzung von Antworten auf bestimmte Bereiche oder Typen
4. **Ansichtsoptionen**: Umschalten zwischen verschiedenen Darstellungsformen
5. **Schnellzugriff**: Speichern häufig verwendeter Prompts für wiederholte Nutzung

Diese fortgeschrittenen Navigationselemente erschließen sich oft erst nach einiger Nutzungszeit. Ein Data Analyst eines E-Commerce-Unternehmens teilte mir mit: "Nach zwei Wochen intensiver Nutzung entdeckte ich immer noch neue Möglichkeiten, effizienter durch die Copilot-Oberfläche zu navigieren."

Die visuelle Gestaltung der Copilot-Antworten folgt bestimmten Mustern, die Sie erkennen und nutzen können. Copilot verwendet verschiedene Formatierungen, um Informationen zu strukturieren:

- **Fettdruck**: Für wichtige Schlüsselbegriffe oder Haupterkenntnisse
- **Aufzählungen**: Zur übersichtlichen Darstellung mehrerer Punkte
- **Tabellen**: Für strukturierte Daten und Vergleiche
- **Hervorhebungen**: Zur Kennzeichnung von Anomalien oder besonderen Werten
- **Code-Formatierung**: Für Excel-Formeln oder technische Elemente

Das Verständnis dieser visuellen Sprache hilft Ihnen, Antworten schneller zu erfassen und relevante Informationen effizienter zu extrahieren. Eine Controllerin bemerkte: "Sobald ich die visuelle Logik hinter den Copilot-Antworten verstand, konnte ich die wichtigsten Erkenntnisse viel schneller identifizieren."

Die Integration der Copilot-Oberfläche in Ihren Arbeitsablauf erfordert anfangs bewusste Anpassung. Statt direkt in Excel zu arbeiten, sollten Sie sich angewöhnen, zuerst zu überlegen, welche Aufgaben Sie an Copilot delegieren können. Ein Finanzanalyst beschrieb seinen Lernprozess: "Die ersten Tage war Copilot für mich ein Extra-Schritt. Nach einer Woche wurde es zur ersten Anlaufstelle für fast alle meine Excel-Aufgaben."

Personalisierungsoptionen der Copilot-Oberfläche ermöglichen eine Anpassung an Ihre Präferenzen und Arbeitsweise:

- **Spracheinstellungen**: Anpassung der Eingabe- und Ausgabesprache
- **Anzeigepräferenzen**: Konfiguration der Darstellung von Antworten
- **Verlaufsoptionen**: Einstellungen zur Speicherung früherer Interaktionen
- **Schnellzugriffsvorlagen**: Speichern häufig verwendeter Prompts
- **Tastaturkürzel**: Anpassung der Tastenkombinationen für schnelleren Zugriff

Diese Personalisierungsmöglichkeiten variieren je nach Excel-Version und werden ständig erweitert. Ich empfehle Ihnen, regelmäßig die Einstellungsoptionen zu erkunden, um neue Anpassungsmöglichkeiten zu entdecken.

Die Lernkurve bei der Beherrschung der Copilot-Oberfläche verläuft typischerweise in mehreren Phasen:

1. **Kennenlernphase**: Erste Erkundung der grundlegenden Funktionen
2. **Gewöhnungsphase**: Regelmäßige Nutzung einfacher Funktionen
3. **Vertiefungsphase**: Entdeckung und Nutzung fortgeschrittener Optionen
4. **Integrationsphase**: Nahtlose Einbindung in den täglichen Arbeitsablauf

5. **Meisterungsphase**: Kreative Nutzung und Optimierung für spezifische Anforderungen

Ein Controller schätzte, dass er etwa zwei Wochen brauchte, um die ersten drei Phasen zu durchlaufen. Die vollständige Integration und Meisterung sei ein kontinuierlicher Prozess: "Jede Woche entdecke ich neue Möglichkeiten, die Copilot-Oberfläche effizienter zu nutzen."

Typische Herausforderungen bei der Bedienung der Copilot-Oberfläche umfassen anfängliche Orientierungsschwierigkeiten, Unsicherheit bei der Formulierung von Anfragen und gelegentliche Missverständnisse zwischen Nutzerabsicht und KI-Interpretation. Diese Hürden lassen sich durch bewusste Übung und schrittweise Erweiterung Ihrer Interaktionen überwinden. Eine Marketinganalystin empfahl: "Starten Sie mit einfachen, klar definierten Aufgaben und steigern Sie langsam die Komplexität. So bauen Sie Vertrauen in Ihre Fähigkeit auf, mit Copilot zu kommunizieren."

1.2 ERSTE SCHRITTE MIT COPILOT: GRUNDLEGENDE INTERAKTIONEN MEISTERN

1.2.1 EFFEKTIVE PROMPTS FORMULIEREN FÜR KLARE ANWEISUNGEN AN DIE KI

Die Kommunikation mit KI-Systemen gleicht dem Erlernen einer neuen Sprache. Nach jahrelanger Erfahrung mit Copilot habe ich erkannt: Die Qualität Ihrer Anweisungen bestimmt direkt die Qualität der Ergebnisse. Ein perfekt formulierter Prompt kann den Unterschied zwischen einer oberflächlichen Analyse und einer tiefgreifenden Erkenntnis ausmachen, die Ihre Entscheidungsfindung revolutioniert.

Prompt Engineering, die Kunst der präzisen Anweisungsformulierung für KI-Systeme, entwickelt sich zu einer Schlüsselkompetenz für Excel-Anwender. In meinen Workshops erlebe ich regelmäßig den "Aha-Moment", wenn Teilnehmer verstehen, dass Copilot kein Gedankenleser ist, sondern ein mächtiges Werkzeug, das genau auf Ihre Anweisungen reagiert. Ein Finanzanalyst drückte es treffend aus: "Die ersten Ergebnisse von Copilot waren enttäuschend, bis ich verstand, dass ich nicht mit einem Kollegen, sondern mit einem System kommuniziere, das präzise Anleitungen benötigt."

Die grundlegenden Prinzipien für effektive Copilot-Prompts lassen sich in mehrere Schlüsselelemente gliedern:

- **Klarheit und Präzision**: Formulieren Sie Ihre Anfrage eindeutig und vermeiden Sie Mehrdeutigkeiten
- **Kontextbereitstellung**: Geben Sie relevante Hintergrundinformationen
- **Spezifische Zielformulierung**: Definieren Sie genau, was Sie erreichen wollen
- **Strukturierte Anweisungen**: Unterteilen Sie komplexe Aufgaben in logische Schritte

- **Formatangaben**: Spezifizieren Sie, wie die Ausgabe strukturiert sein soll

Die Klarheit Ihrer Anfrage bildet das Fundament jeder erfolgreichen Interaktion mit Copilot. Vage Formulierungen wie "Analysiere meine Daten" führen zu generischen Ergebnissen, während präzise Anfragen wie "Identifiziere die Top 5 Umsatztreiber im vierten Quartal und vergleiche sie mit dem Vorjahresquartal" zielgerichtete Analysen liefern. Ein Controller eines mittelständischen Unternehmens berichtete mir von einer drastischen Verbesserung seiner Copilot-Ergebnisse, nachdem er begann, seine Anfragen präziser zu formulieren.

Kontextinformationen helfen Copilot, Ihre Daten und Ihre Absicht besser zu verstehen. Teilen Sie relevante Hintergrundinformationen wie Datenquellen, Zeiträume oder branchenspezifische Besonderheiten mit. Beispielsweise könnte ein sinnvoller Prompt lauten: "Diese Verkaufsdaten stammen aus unserem Online-Shop. Analyse bitte die saisonalen Schwankungen und identifiziere Muster, die für unsere Bestandsplanung relevant sein könnten." Diese Kontextinformationen ermöglichen es Copilot, eine fokussierte und nützliche Analyse zu liefern.

Die explizite Formulierung Ihres Ziels lenkt Copilot in die gewünschte Richtung. Statt allgemein zu fragen: "Was sagen diese Daten aus?", präzisieren Sie Ihr Ziel: "Analysiere diese Kundendaten, um Segmente mit hohem Umsatzpotenzial zu identifizieren, die für unsere nächste Marketingkampagne relevant sind." Eine Marketingmanagerin teilte mir mit, dass diese Zielspezifikation die Relevanz von Copilots Analysen um ein Vielfaches verbesserte.

Für komplexe Analyseaufgaben empfehle ich eine strukturierte, schrittweise Anleitung. Teilen Sie Ihre Anfrage in logische Teilschritte auf, die aufeinander aufbauen. Ein effektiver strukturierter Prompt könnte so aussehen:

1. Bereinige zunächst die Daten, indem du Duplikate entfernst und fehlende Werte behandelst.
2. Erstelle dann eine Pivot-Tabelle, die den monatlichen Umsatz nach Produktkategorien zeigt.
3. Berechne anschließend die prozentuale Veränderung gegenüber dem Vorjahr.
4. Identifiziere die drei Kategorien mit dem stärksten Wachstum.
5. Visualisiere diese Ergebnisse in einem gestapelten Säulendiagramm.

Durch diese schrittweise Anleitung kann Copilot komplexe Anforderungen systematisch abarbeiten und qualitativ hochwertige Ergebnisse liefern. Ein Finanzanalyst berichtete mir, dass diese Methode die Genauigkeit und Nützlichkeit seiner Copilot-Analysen erheblich verbessert hat.

Formatierungsvorgaben helfen, die Ergebnisse in der gewünschten Form zu erhalten. Spezifizieren Sie, ob Sie eine Tabelle, eine Liste, ein Diagramm oder einen Fließtext wünschen. Ein Beispiel: "Präsentiere die Ergebnisse in einer übersichtlichen Tabelle mit den Spalten 'Region', 'Umsatz aktuell', 'Umsatz Vorjahr' und 'Prozentuale Veränderung'. Hebe Werte über 10% Wachstum grün und unter -5% rot hervor." Diese klaren Formatierungsanweisungen sorgen für sofort verwendbare Ergebnisse.

Die häufigsten Fehler bei der Formulierung von Prompts umfassen:

- **Zu unspezifische Anfragen**: "Analysiere diese Daten" statt "Analysiere die Verkaufszahlen nach Regionen und identifiziere Ausreißer"
- **Übermäßige Komplexität**: Zu viele Anforderungen in einem einzigen Prompt
- **Fehlender Kontext**: Keine Angaben zum Zweck oder Hintergrund der Daten

- **Mehrdeutige Begriffe**: Verwendung von Begriffen mit mehreren möglichen Interpretationen
- **Unrealistische Erwartungen**: Anfragen, die das Datenverständnis von Copilot überfordern

Ein Controller vertraute mir an, dass seine anfängliche Frustration mit Copilot hauptsächlich darauf zurückzuführen war, dass er zu vage Anfragen stellte und dann enttäuscht war, wenn die Ergebnisse nicht seinen unausgesprochenen Erwartungen entsprachen.

Die iterative Verfeinerung von Prompts stellt einen wesentlichen Aspekt effektiver Copilot-Nutzung dar. Der erste Prompt liefert selten sofort das optimale Ergebnis. Stattdessen sollten Sie einen Dialog mit Copilot führen, indem Sie auf Basis der ersten Ergebnisse Ihre Anfrage verfeinern. Eine Marketinganalystin beschrieb mir ihren Prozess: "Ich beginne mit einer grundlegenden Anfrage, betrachte das Ergebnis und spezifiziere dann weiter. Nach zwei oder drei Iterationen erhalte ich genau die Einblicke, die ich benötige."

Domain-spezifische Sprache erhöht die Präzision Ihrer Prompts. Verwenden Sie Fachbegriffe aus Ihrem Bereich, um Ihre Intention klarer zu kommunizieren. Ein Finanzanalyst könnte beispielsweise fragen: "Berechne den EBITDA pro Quartal und zeige die Entwicklung der Marge im Jahresverlauf." Die Verwendung des Fachbegriffs "EBITDA" vermittelt Copilot präzise, welche Berechnung durchgeführt werden soll.

Die Balance zwischen Detailreichtum und Übersichtlichkeit stellt eine Herausforderung dar. Zu kurze Prompts bieten nicht genug Kontext, während zu lange Prompts Copilot verwirren können. Meine Erfahrung zeigt, dass ein idealer Prompt zwischen 2-4 Sätzen oder 20-50 Wörtern liegt, es sei denn, Sie beschreiben eine komplexe mehrstufige Analyse. Ein Produktmanager berichtete mir, dass er nach einiger Übung instinktiv die richtige Balance fand.

Das Potenzial von Copilot entfaltet sich besonders durch die Kombination verschiedener Analysearten in einem strukturierten Prompt. Beispielsweise könnte ein umfassender Analyseprompt lauten: "Untersuche diese Kundendaten und 1) segmentiere sie nach Kaufhäufigkeit und durchschnittlichem Bestellwert, 2) identifiziere Korrelationen zwischen demografischen Merkmalen und Kaufverhalten, 3) erstelle eine Kohortenanalyse zur Kundenbindung über Zeit. Präsentiere die Ergebnisse in einem übersichtlichen Dashboard mit erklärenden Hinweisen." Diese Art von strukturiertem, mehrschichtigem Prompt nutzt die analytischen Fähigkeiten von Copilot optimal.

Die Berücksichtigung des aktuellen Datenkontexts verbessert die Relevanz der Ergebnisse erheblich. Vor der Formulierung eines Prompts sollten Sie sicherstellen, dass Copilot den relevanten Datenbereich "sieht". Markieren Sie die zu analysierenden Daten oder spezifizieren Sie den relevanten Bereich oder das Tabellenblatt in Ihrem Prompt. Ein Controller teilte mir mit: "Ich markiere stets den relevanten Datenbereich, bevor ich Copilot befrage. Das hat die Genauigkeit meiner Analysen drastisch verbessert."

Experimentieren und Iterieren bilden den Schlüssel zur Meisterschaft im Prompt Engineering. Eine Finanzanalystin beschrieb ihren Lernprozess: "Ich führe ein persönliches 'Prompt-Tagebuch', in dem ich erfolgreiche Formulierungen und ihre Ergebnisse dokumentiere. Diese Sammlung hat sich zu einer wertvollen Ressource entwickelt, die ich regelmäßig nutze und erweitere." Diese systematische Herangehensweise beschleunigt die Lernkurve und maximiert den Nutzen von Copilot.

Die Fähigkeit, effektive Prompts zu formulieren, entwickelt sich mit der Zeit und der Erfahrung. Ein Controller beschrieb seinen Lernprozess als eine Kombination aus bewusstem Üben, systematischem Experimentieren und kollegialem Austausch über erfolgreiche Prompt-Strategien. Nach etwa zwei Wochen regelmäßiger Nutzung stellte er eine signifikante Verbesserung seiner Prompt-Kompetenz fest, was sich direkt in der Qualität und Nützlichkeit der Copilot-Ergebnisse widerspiegelte.

Um Ihren Einstieg in effektives Prompt Engineering zu erleichtern, habe ich einige bewährte Prompt-Vorlagen für typische Excel-Analyseaufgaben zusammengestellt:

- **Datenbereinigung**: "Untersuche die markierten Daten auf Inkonsistenzen, Duplikate und Ausreißer. Bereinige die Daten und erläutere, welche Änderungen vorgenommen wurden und warum."
- **Explorative Analyse**: "Analysiere diese Verkaufsdaten explorativ und identifiziere interessante Muster, Trends oder Anomalien. Fasse die wichtigsten Erkenntnisse in Stichpunkten zusammen und visualisiere die Top 3 Einsichten."
- **Vergleichsanalyse**: "Vergleiche die Leistung der Regionen Nord, Süd, Ost und West anhand der KPIs Umsatz, Marge und Kundenzufriedenheit. Identifiziere signifikante Unterschiede und mögliche Ursachen."
- **Prognoseanalyse**: "Erstelle basierend auf den historischen Verkaufsdaten der letzten 12 Monate eine Prognose für die kommenden 3 Monate. Berücksichtige saisonale Effekte und den generellen Trend."

Diese Vorlagen können Sie an Ihre spezifischen Anforderungen anpassen und als Ausgangspunkt für eigene Prompt-Entwicklungen nutzen. Eine Marketingmanagerin berichtete, dass solche Vorlagen ihr den Einstieg in die effektive Nutzung von Copilot erheblich erleichtert haben.

1.2.2 EINFACHE DATENABFRAGEN UND -ZUSAMMENFASSUNGEN PER KI DURCHFÜHREN

Nach der Meisterung effektiver Prompts können wir jetzt mit praktischen Anwendungsfällen beginnen. Meine Erfahrung zeigt, dass einfache Datenabfragen und Zusammenfassungen den idealen Einstieg in die KI-gestützte Analyse bieten. Sie liefern schnelle Erfolgserlebnisse und bauen gleichzeitig Vertrauen in die neue Technologie auf. In diesem Abschnitt führe ich Sie durch die grundlegenden Interaktionstypen, die Ihren Analysealltag sofort verbessern werden.

Die Kunst der Datenabfrage mit Copilot beginnt mit dem richtigen Kontext. Bevor Sie Ihre erste Abfrage starten, markieren Sie idealerweise den relevanten Datenbereich in Ihrer Excel-Tabelle. Dies hilft Copilot, den Umfang und die Struktur Ihrer Daten zu verstehen. Bei einem meiner Finanzanalystenworkshops stellte ein Teilnehmer fest, dass seine allgemeine Anfrage "Analysiere diese Daten" zu unpräzisen Ergebnissen führte. Nach dem Markieren des spezifischen Datensatzes und einer präziseren Anweisung erhielt er sofort relevantere Erkenntnisse.

Grundlegende deskriptive Statistiken bilden oft den ersten Schritt bei der Datenanalyse. Anstatt manuell Formeln zu schreiben, können Sie Copilot einfach bitten, einen statistischen Überblick zu erstellen. Ein typischer Prompt könnte lauten: "Gib mir eine statistische Zusammenfassung der markierten Verkaufsdaten, einschließlich Minimum, Maximum, Durchschnitt und Median für jede Spalte." Copilot liefert Ihnen diese Auswertung in Sekundenschnelle, während die manuelle Berechnung mehrere Minuten in Anspruch nehmen würde.

Die verschiedenen Typen von Datenabfragen, die Sie sofort nutzen können, umfassen:

- **Zusammenfassende Statistiken**: Bitten Sie Copilot um Mittelwerte, Mediane, Minima, Maxima,

Standardabweichungen oder Quartile für Ihre numerischen Daten.

- **Häufigkeitsanalysen**: Lassen Sie Copilot zählen, wie oft bestimmte Werte oder Kategorien in Ihren Daten vorkommen.
- **Filterbezogene Abfragen**: Fragen Sie nach spezifischen Datensätzen, die bestimmte Kriterien erfüllen, z.B. "Zeige alle Transaktionen über 10.000 Euro im ersten Quartal."
- **Vergleichende Analysen**: Bitten Sie um Gegenüberstellungen, etwa "Vergleiche den Umsatz der Regionen Nord und Süd im letzten Quartal."
- **Zeitliche Entwicklungen**: Lassen Sie Trends identifizieren, beispielsweise "Wie hat sich der monatliche Umsatz im Vergleich zum Vorjahr entwickelt?"

Ein Controller eines Maschinenbauunternehmens berichtete mir von seiner Zeitersparnis, als er Copilot bat, die Top 5 Kostentreiber aus seiner Kostentabelle zu extrahieren und als Diagramm darzustellen. Eine Aufgabe, die ihn früher 15-20 Minuten gekostet hatte, erledigte Copilot in weniger als einer Minute.

Textbasierte Zusammenfassungen von Daten bilden eine Stärke von Copilot. Die KI kann komplexe Zahlenkolonnen in verständliche Erkenntnisse übersetzen. Versuchen Sie einen Prompt wie: "Fasse die wichtigsten Erkenntnisse aus diesen Kundenzufriedenheitsdaten zusammen und hebe die drei kritischsten Punkte hervor." Diese narrative Übersetzung von Daten hilft besonders bei der Kommunikation mit Stakeholdern, die nicht täglich mit Zahlen arbeiten.

Vordefinierte Abfragevorlagen beschleunigen Ihre Produktivität mit Copilot. Für Ihre tägliche Arbeit empfehle ich diese bewährten Promptmuster:

1. **Basisanalyse**: "Gib mir einen statistischen Überblick über [Datenbereich], einschließlich [gewünschte Statistiken]."

2. **Top/Flop-Analyse**: "Identifiziere die Top 5 und Flop 5 [Elemente] basierend auf [Kriterium]."
3. **Zeitvergleich**: "Vergleiche die Werte für [Metrik] zwischen [Zeitraum 1] und [Zeitraum 2]."
4. **Segmentierung**: "Analysiere die Daten gruppiert nach [Kategorie] und zeige die jeweiligen [Metriken]."
5. **Anomalien**: "Identifiziere ungewöhnliche Werte oder Ausreißer in den [spezifischen Daten]."

Meine Marketingkunden nutzen besonders häufig die Segmentierungsanalyse, um Kundendaten nach verschiedenen Kriterien zu gruppieren und das Kaufverhalten besser zu verstehen. Ein Prompt wie "Segmentiere unsere Kunden nach Kaufhäufigkeit und durchschnittlichem Bestellwert und fasse die Merkmale jedes Segments zusammen" liefert wertvolle Einblicke für gezielte Kampagnen.

Die Interpretation von Abfrageergebnissen erfordert einen kritischen Blick. Prüfen Sie stets, ob die von Copilot generierten Informationen plausibel sind. Bei einem Kundenprojekt im Einzelhandel lieferte Copilot zunächst eine interessante Erkenntnis über Verkaufsmuster, die bei näherer Betrachtung auf ein Datenproblem zurückzuführen war. Es ist wichtig, die KI als Unterstützung, nicht als Ersatz für Ihren analytischen Verstand zu betrachten.

Die flexible Anpassung von Abfragen durch Nachfragen stellt einen großen Vorteil von Copilot dar. Wenn die erste Antwort nicht genau Ihren Vorstellungen entspricht, verfeinern Sie Ihre Anfrage. Eine Finanzanalystin erhielt auf ihre erste Abfrage zu Umsatztrends eine zu allgemeine Antwort. Sie spezifizierte: "Bitte fokussiere die Analyse auf die letzten drei Quartale und berücksichtige nur die Produktkategorien A und B." Diese iterative Verfeinerung führte zu genau den Erkenntnissen, die sie benötigte.

Datenvisualisierungen können Sie direkt in Ihre ersten Abfragen integrieren. Statt nur nach Zahlen zu fragen, bitten Sie gleich um eine visuelle Darstellung: "Analysiere den Umsatz nach Produktkategorie für das letzte Quartal und erstelle ein horizontales Balkendiagramm dazu." Die Kombination aus textueller Analyse und Visualisierung erleichtert das schnelle Erfassen komplexer Zusammenhänge erheblich.

Die Kombination verschiedener Datenquellen gehört zu den fortgeschritteneren, aber dennoch einfach umzusetzenden Anwendungsfällen. Ein Controller bat Copilot: "Vergleiche die Verkaufszahlen aus Tabelle 1 mit den Marketingausgaben aus Tabelle 2 und identifiziere mögliche Korrelationen." Die KI kann Verbindungen zwischen verschiedenen Datensätzen herstellen, die bei manueller Analyse leicht übersehen werden könnten.

Dynamische Datenzusammenfassungen für verschiedene Zielgruppen stellen einen weiteren Mehrwert dar. Sie können Copilot anweisen, dieselben Daten unterschiedlich aufzubereiten: "Erstelle eine detaillierte technische Zusammenfassung dieser Verkaufsdaten für das Controlling und eine höher aggregierte Managementübersicht mit Fokus auf die Kernbotschaften." Diese Fähigkeit, Daten zielgruppenspezifisch aufzubereiten, spart enorm viel Zeit bei der Berichtserstellung.

Die Kontextualisierung von Daten durch Copilot bereichert Ihre Analysen. Bitten Sie die KI, Ihre Zahlen in einen größeren Zusammenhang zu stellen: "Vergleiche unsere Quartalsergebnisse mit den typischen saisonalen Schwankungen in unserer Branche." Diese Einordnung hilft, die Bedeutung der Daten besser zu verstehen und fundierte Entscheidungen zu treffen.

Tägliche Routineabfragen lassen sich durch gespeicherte Promptvorlagen standardisieren. Eine Controlling-Abteilung eines Industrieunternehmens erstellte eine Bibliothek von Standardprompts für wiederkehrende Analysen. Diese Vorlagen können einfach kopiert und mit minimalen Anpassungen wiederverwendet werden, was die Konsistenz erhöht und Zeit spart.

Durch den Einstieg mit einfachen Datenabfragen bauen Sie nicht nur praktische Erfahrung auf, sondern entwickeln auch ein Gespür dafür, wie Copilot "denkt" und arbeitet. Dieses Verständnis wird Ihnen helfen, später komplexere Analysen durchzuführen. Ein Finanzanalyst beschrieb mir seinen Lernprozess: "Nach zwei Wochen mit einfachen Abfragen hatte ich ein gutes Gefühl dafür entwickelt, wie ich meine Anfragen formulieren muss, um präzise Ergebnisse zu erhalten."

Die systematische Dokumentation erfolgreicher Abfragen empfehle ich jedem Copilot-Nutzer. Legen Sie eine persönliche Sammlung gelungener Prompts und ihrer Ergebnisse an. Diese wachsende Ressource wird mit der Zeit zu einem wertvollen Nachschlagewerk, das Ihre Analysefähigkeiten kontinuierlich verbessert und Ihnen hilft, Copilot immer effektiver einzusetzen.

2. Routineaufgaben automatisieren: Zeit gewinnen mit Copilot-Unterstützung

Ihr wertvolles Kapital im heutigen Geschäftsalltag ist nicht primär Geld, sondern Zeit. In meiner Beratungspraxis treffe ich täglich auf Finanzanalysten, Controller und Marketingexperten, die unter einer chronischen Zeitknappheit leiden. Die wiederholten, gleichförmigen Excel-Aufgaben rauben ihnen jene Stunden, die für strategisches Denken und kreative Lösungsfindung essentiell wären. Die gute Nachricht: Mit der Copilot-Unterstützung können wir diese verlorene Zeit zurückgewinnen und gleichzeitig die Qualität unserer Arbeit steigern.

Die Automatisierung von Routineaufgaben stellt den logischen ersten Anwendungsbereich von Copilot in Excel dar. Nach dem Aufbau des fundamentalen Verständnisses im vorherigen Kapitel fokussieren wir uns nun auf konkrete Arbeitsschritte, die sofort spürbare Zeitgewinne bringen. Meine Erfahrung zeigt, dass besonders zwei Bereiche enorme Effizienzpotenziale bieten: Datenbereinigung und Formelgenerierung.

Datenbereinigung gehört zu den ungeliebten Pflichtaufgaben jedes Datenanalysten. Eine Controllerin eines mittelständischen Produktionsunternehmens vertraute mir kürzlich an, dass sie wöchentlich bis zu acht Stunden mit der Standardisierung und Korrektur von Daten verbringt, bevor sie überhaupt mit der eigentlichen Analyse beginnen kann. Diese Zeitinvestition scheint unvermeidbar, denn ohne saubere Daten sind alle nachfolgenden Analysen wertlos oder gar irreführend.

Die repetitive Natur der Datenbereinigung macht sie zum idealen Kandidaten für die KI-gestützte Automatisierung. Typische Aufgaben wie das Erkennen und Korrigieren von Tippfehlern, das Standardisieren von Datumsformaten oder das Behandeln fehlender Werte lassen sich mit Copilot in Bruchteilen der ursprünglich benötigten Zeit erledigen. Ein Finanzanalyst berichtete mir, dass er seine monatliche Datenaufbereitungszeit von fünf auf eine halbe Stunde reduzieren konnte, nachdem er Copilot gezielt für diese Aufgaben einsetzte.

Die Qualitätsverbesserung durch konsistente Datenbereinigung darf nicht unterschätzt werden. Menschliche Fehler bei monotonen Aufgaben sind nahezu unvermeidbar. Ein kleiner Flüchtigkeitsfehler beim manuellen Korrigieren kann weitreichende Konsequenzen haben. Die KI hingegen arbeitet mit gleichbleibender Präzision, unabhängig davon, ob es sich um den ersten oder tausendsten Datensatz handelt. Ein Vertriebscontroller eines Automobilzulieferers berichtete mir, dass die Fehlerquote in seinem monatlichen Vertriebsbericht nach der Copilot-Integration um fast 90% sank.

Die zweite große Zeitersparnis bietet die automatisierte Formelgenerierung. Excel-Formeln bilden das Herzstück jeder anspruchsvollen Analyse, doch ihre Erstellung ist oft komplex und fehleranfällig. Besonders verschachtelte Formeln mit mehreren Funktionen wie SVERWEIS, WENN oder INDEX/VERGLEICH stellen selbst für erfahrene Anwender eine Herausforderung dar. Mit Copilot können Sie solche Formeln einfach in natürlicher Sprache beschreiben und die KI übernimmt die technische Umsetzung.

Die psychologische Entlastung durch diese Automatisierung wird von meinen Kunden oft als besonders wertvoll beschrieben. "Der Stress, komplexe Formeln fehlerfrei konstruieren zu müssen, ist verschwunden", erklärte mir ein Marketinganalyst eines E-Commerce-Unternehmens. "Ich kann mich jetzt auf die Fragestellung konzentrieren, nicht auf die technische Umsetzung. Das hat meine Arbeitsqualität revolutioniert."

Die Standardisierung durch Copilot bringt einen weiteren entscheidenden Vorteil: Konsistenz über verschiedene Berichte und Teammitglieder hinweg. In vielen Controlling-Abteilungen existieren unterschiedliche Berechnungsmethoden für dieselben Kennzahlen, je nachdem, wer den Bericht erstellt. Mit Copilot können Teams einen einheitlichen Ansatz definieren und die KI stellt sicher, dass alle Berechnungen nach demselben Muster erfolgen. Dies erhöht die Vergleichbarkeit und Zuverlässigkeit der Ergebnisse erheblich.

Die Skalierbarkeit von automatisierten Routine-Workflows stellt einen weiteren Mehrwert dar. Manuelle Prozesse stoßen bei wachsender Datenmenge schnell an ihre Grenzen. Ein Controller eines wachstumsstarken Technologieunternehmens beschrieb mir, wie die monatliche Berichterstellung mit zunehmender Unternehmensgröße immer zeitaufwendiger wurde, bis sie kaum noch rechtzeitig zu bewältigen war. Nach der Integration von Copilot blieb der Zeitaufwand konstant, unabhängig vom wachsenden Datenvolumen.

Bestimmte Routineaufgaben eignen sich besonders gut für die Automatisierung mit Copilot:

- **Datenbereinigung und -standardisierung**: Erkennung und Korrektur von Tippfehlern, Formatvereinheitlichung, Behandlung von Sonderfällen
- **Datenkonsolidierung**: Zusammenführen von Daten aus verschiedenen Quellen mit intelligenter Zuordnung
- **Formelgenerierung**: Natürlichsprachliche Erstellung komplexer Formeln für Berechnungen aller Art
- **Standardberichtserstellung**: Automatische Generierung wiederkehrender Berichte mit konsistenter Struktur
- **Datenvalidierung**: Prüfung auf Vollständigkeit und Plausibilität nach definierten Regeln

Der Weg zur erfolgreichen Automatisierung folgt einem bewährten Muster. Zunächst identifizieren Sie die zeitintensivsten

Routineaufgaben in Ihrem Arbeitsalltag und dokumentieren deren aktuellen Zeitbedarf. Anschließend definieren Sie klare Prozessschritte für jede Aufgabe und überlegen, welche Anweisungen Copilot benötigt, um diese auszuführen. Nach der Implementierung messen Sie die tatsächliche Zeitersparnis und optimieren Ihre Prompts kontinuierlich.

Die Wahl der richtigen Aufgaben für die erste Automatisierungswelle entscheidet über Ihren initialen Erfolg mit Copilot. Ein pragmatischer Ansatz ist die Priorisierung nach dem Verhältnis von erwarteter Zeitersparnis zu Implementierungsaufwand. Ein Finanzteam eines Handelsunternehmens erstellte auf meine Empfehlung hin eine Matrix, in der jede wiederkehrende Excel-Aufgabe nach diesem Verhältnis bewertet wurde. Die drei bestbewerteten Aufgaben wurden zuerst automatisiert, was zu einer sofortigen wöchentlichen Zeitersparnis von über 15 Stunden führte.

Die Überwindung anfänglicher Skepsis gegenüber Automatisierung erfordert konkrete Erfolgsbeispiele. In Workshops lasse ich Teilnehmer häufig eine zeitraubende Routineaufgabe identifizieren und demonstriere dann die Copilot-gestützte Lösung. Die unmittelbare Erfahrung der Zeitersparnis überzeugt selbst die kritischsten Stimmen. Ein Controller, der anfangs Bedenken bezüglich der Zuverlässigkeit äußerte, wurde zum enthusiastischen Befürworter, nachdem er erlebte, wie Copilot in Minuten eine Datenbereinigung durchführte, die ihn normalerweise Stunden gekostet hätte.

Die menschliche Aufsicht bleibt trotz Automatisierung essentiell. Copilot arbeitet am besten als Assistent, nicht als vollständiger Ersatz für menschliches Urteilsvermögen. Ich empfehle meinen Kunden, stets Stichproben der Ergebnisse zu überprüfen und ein Grundverständnis der durchgeführten Prozesse zu bewahren. Ein "Blindflug" mit vollständig automatisierten Prozessen ohne Kontrolle birgt Risiken, wie ein Marketingteam erfahren musste, das eine fehlerhafte Datensegmentierung ungeprüft übernahm und darauf eine kostspielige Kampagne aufbaute.

Der freigesetzte Zeitgewinn sollte strategisch investiert werden. Viele Unternehmen nutzen die gewonnene Kapazität für tiefergehende Analysen, die vorher aus Zeitmangel nicht möglich waren. Eine Controlling-Abteilung eines Pharmaunternehmens konnte nach der Automatisierung ihrer Standardberichte erstmals umfassende Szenarioanalysen durchführen, die zu strategischen Anpassungen mit erheblichen Kosteneinsparungen führten.

Die folgenden Abschnitte dieses Kapitels führen Sie systematisch durch die wichtigsten Anwendungsfelder der Routineautomatisierung mit Copilot. Wir beginnen mit der Datenbereinigung und -aufbereitung, einem Bereich, der in fast allen Excel-basierten Workflows den größten Zeitfresser darstellt. Sie lernen, wie Sie Inkonsistenzen automatisch erkennen und korrigieren lassen sowie Datenformate mühelos vereinheitlichen können.

Anschließend widmen wir uns der intelligenten Formelgenerierung, die sowohl Zeit spart als auch Fehler minimiert. Sie entdecken, wie Sie komplexe Excel-Formeln durch einfache natürliche Spracheingaben erstellen lassen können und wie Sie Standardberechnungen und Kennzahlen automatisiert ermitteln. Jeder Abschnitt enthält konkrete Beispiele, praktische Prompts und Tipps aus meiner Beratungspraxis, die direkt in Ihren Arbeitsalltag übertragbar sind.

Die Automatisierung von Routineaufgaben bildet das Fundament, auf dem wir in späteren Kapiteln aufbauen werden. Der hier gewonnene Zeitvorteil schafft Raum für die tiefergehenden Analysen und strategischen Erkenntnisse, die wir in den nachfolgenden Kapiteln erkunden werden. Lassen Sie uns gemeinsam den ersten Schritt zur Excel-Befreiung gehen, indem wir die Zeitfresser in Ihrem Arbeitsalltag systematisch eliminieren.

2.1 DATENBEREINIGUNG UND -AUFBEREITUNG BESCHLEUNIGEN

2.1.1 INKONSISTENZEN UND FEHLER IN DATENSÄTZEN
AUTOMATISCH ERKENNEN UND KORRIGIEREN LASSEN

Die Datenbereinigung gehört zu den zeitraubendsten und gleichzeitig wichtigsten Aufgaben in der Datenanalyse. In meinen Beratungsprojekten erlebe ich regelmäßig, wie Finanzanalysten und Controller bis zu 70% ihrer wertvollen Arbeitszeit mit manueller Datenbereinigung verbringen, bevor sie überhaupt mit der eigentlichen Analyse beginnen können. Diese Arbeit ist nicht nur mühsam, sondern auch fehleranfällig und frustrierend. Mit Microsoft 365 Copilot können wir diesen Prozess revolutionieren und erhebliche Zeitgewinne realisieren.

Unvollständige, fehlerhafte oder inkonsistente Daten stellen ein grundlegendes Problem für jede Analyse dar. Selbst kleine Fehler können zu falschen Schlussfolgerungen führen und weitreichende Folgen haben. Ein Vertriebs-Controller eines Automobilzulieferers berichtete mir von einem Fall, in dem eine falsche Formatierung von Dezimalstellen in einer Excel-Tabelle zu einer fehlerhaften Umsatzprognose führte, die das Unternehmen mehrere tausend Euro kostete.

Die typischen Inkonsistenzen und Fehler in Excel-Datensätzen lassen sich in mehrere Kategorien einteilen:

- **Formatierungsfehler**: Unterschiedliche Datums- und Zahlenformate, inkonsistente Textformatierung
- **Duplikate**: Mehrfach vorhandene Datensätze, die Analysen verzerren
- **Tippfehler**: Falsch geschriebene Namen, Produktbezeichnungen oder Kategorien

- **Lücken und fehlende Werte**: Unvollständige Datensätze
- **Ausreißer und unrealistische Werte**: Extremwerte, die auf Erfassungsfehler hindeuten
- **Inkonsistente Benennungen**: Verschiedene Schreibweisen für dieselbe Entität (z.B. "GmbH" vs. "G.m.b.H.")
- **Fehler durch Datenimport**: Verzerrte Sonderzeichen, verschobene Spalten oder falsche Kodierungen

Die manuelle Erkennung dieser Fehler ist zeitaufwendig und nie hundertprozentig zuverlässig. Selbst mit fortgeschrittenen Excel-Funktionen wie bedingten Formatierungen oder Validierungsregeln bleiben viele Fehler unentdeckt. Genau hier entfaltet Copilot sein volles Potenzial.

Die KI-gestützte automatische Fehlererkennung mit Copilot basiert auf einer Kombination aus Mustererkennung, statistischer Analyse und Domänenwissen. Anders als traditionelle Excel-Funktionen kann Copilot den gesamten Datensatz ganzheitlich betrachten und Auffälligkeiten identifizieren, die bei manueller Überprüfung leicht übersehen werden. Ein Finanzanalyst eines Handelsunternehmens beschrieb mir seinen Aha-Moment: "Copilot entdeckte in meinem Quartalsbericht Inkonsistenzen bei der Regionszuordnung, die mir in drei Jahren noch nie aufgefallen waren."

Für die effektive Nutzung von Copilot zur Fehlererkennung empfehle ich folgenden strukturierten Ansatz:

1. **Erste Datenanalyse durchführen**: Bitten Sie Copilot, Ihren Datensatz zu analysieren und potenzielle Probleme zu identifizieren.
2. **Gezielt nach spezifischen Problemen suchen**: Richten Sie Ihre Anfragen auf bekannte Schwachstellen in Ihren Daten.
3. **Automatische Korrekturen vorschlagen lassen**: Fordern Sie Copilot auf, Lösungsvorschläge für die identifizierten Probleme zu generieren.

4. **Korrekturen prüfen und anwenden**: Überprüfen Sie die vorgeschlagenen Änderungen, bevor Sie sie übernehmen.
5. **Dokumentation der Bereinigung erstellen**: Lassen Sie Copilot einen Bericht über alle vorgenommenen Änderungen generieren.

Der erste Schritt zur erfolgreichen Fehlererkennung liegt in einem gut formulierten Prompt. Statt vage Anweisungen wie "Bereinige meine Daten" zu geben, sollten Sie spezifisch und kontextreich formulieren. Ein effektiver Prompt könnte lauten: "Analysiere die markierten Verkaufsdaten auf Inkonsistenzen und Fehler. Achte besonders auf falsche Datumsformate, Duplikate und Ausreißer bei den Verkaufsmengen. Zeige mir die Top 10 potenziellen Probleme mit ihren jeweiligen Zeilen und Spalten."

Die Erkennung spezifischer Fehlertypen erfordert unterschiedliche Ansätze. Für Duplikate beispielsweise können Sie Copilot anweisen: "Identifiziere alle Duplikate in diesem Kundendatensatz basierend auf der Kombination von Kundennummer, Name und PLZ. Berücksichtige dabei, dass kleine Unterschiede in der Schreibweise (wie 'GmbH' vs 'G.m.b.H.') toleriert werden sollten."

Viele meiner Kunden sind besonders beeindruckt von Copilots Fähigkeit, kontextuelle Fehler zu erkennen, die über einfache Formatierungsprobleme hinausgehen. Ein Controller aus der Pharmaindustrie teilte mir mit, wie Copilot unplausible Wertekombinationen in einem komplexen Kostenbericht identifizierte, indem es die Beziehungen zwischen verschiedenen Datenfeldern analysierte. Diese Art von Fehlern wäre bei manueller Prüfung kaum aufgefallen.

Die automatische Korrektur erkannter Fehler bildet den zweiten Teil des Bereinigungsprozesses. Auch hier zeigt Copilot seine Stärken durch intelligente Vorschläge statt mechanischer Regelanwendung. Für eine effektive Fehlerkorrektur empfehle ich diese bewährten Prompt-Strategien:

- **Kontextbezogene Korrektur**: "Korrigiere die identifizierten Formatierungsfehler in den Datumsspalten unter Berücksichtigung des deutschen Datumsformats (TT.MM.JJJJ)."
- **Regelbasierte Bereinigung**: "Standardisiere alle Produktbezeichnungen gemäß unserem Namenskonventionsschema. Entferne überflüssige Leerzeichen und vereinheitliche Groß- und Kleinschreibung."
- **Intelligente Lückenfüllung**: "Schlage plausible Werte für die fehlenden Umsatzdaten in Spalte F vor, basierend auf historischen Trends und saisonalen Mustern."
- **Ausreißerbehandlung**: "Identifiziere statistische Ausreißer in den Verkaufszahlen und schlage Korrekturen vor, die auf den Durchschnittswerten der jeweiligen Produktkategorie basieren."

Die Zeitersparnis durch diese automatisierte Fehlererkennung und -korrektur ist beeindruckend. Eine Controlling-Abteilung eines mittelständischen Fertigungsunternehmens berichtete mir von einer Reduzierung ihrer wöchentlichen Datenbereinigungszeit von acht auf unter eine Stunde nach der Implementierung von Copilot. Diese gewonnene Zeit konnte das Team in tiefergehende Analysen und strategische Beratung investieren.

Ein oft übersehener Vorteil der KI-gestützten Datenbereinigung ist die Konsistenz. Während manuelle Bereinigungen oft von der Tagesform, dem Zeitdruck oder individuellen Präferenzen abhängen, wendet Copilot konsistente Regeln auf den gesamten Datensatz an. Dies führt zu einer höheren Datenqualität und zuverlässigeren Analyseergebnissen. Ein Finanzanalyst beschrieb mir, wie die standardisierte Datenbereinigung mit Copilot die Vergleichbarkeit seiner monatlichen Berichte deutlich verbesserte.

Die schrittweise Implementierung der automatischen Fehlererkennung in Ihren Arbeitsablauf könnte so aussehen:

1. **Pilot-Phase**: Beginnen Sie mit einem kleinen, überschaubaren Datensatz und vergleichen Sie die Copilot-Ergebnisse mit Ihrer manuellen Bereinigung.
2. **Verfeinerung der Prompts**: Optimieren Sie Ihre Anweisungen basierend auf den ersten Erfahrungen.
3. **Erstellung wiederverwendbarer Prompt-Vorlagen**: Entwickeln Sie Standard-Prompts für wiederkehrende Bereinigungsaufgaben.
4. **Integration in den Workflow**: Machen Sie die Copilot-gestützte Datenbereinigung zum festen Bestandteil Ihres Analyse-Prozesses.
5. **Kontinuierliche Verbesserung**: Dokumentieren Sie erfolgreiche Ansätze und teilen Sie sie mit Kollegen.

Die Kombination verschiedener Bereinigungsschritte in einem einzigen, umfassenden Prompt maximiert die Effizienz. Statt einzelne Fehlertypen nacheinander zu adressieren, können Sie Copilot eine vollständige Bereinigungsstrategie vorgeben: "Analysiere diesen Kundendatensatz und führe folgende Bereinigungsschritte durch: 1) Entferne Duplikate basierend auf Kundennummer, 2) Standardisiere alle Adressformate, 3) Korrigiere fehlerhafte PLZ basierend auf Städtenamen, 4) Fülle fehlende Werte in der Spalte 'Kundengruppe' basierend auf ähnlichen Kundenmerkmalen. Dokumentiere alle vorgenommenen Änderungen."

Die Qualitätskontrolle bleibt trotz Automatisierung ein wichtiger Schritt. Meine Empfehlung ist, Copilot nicht nur zur Fehlerkorrektur, sondern auch zur Validierung der Korrekturen einzusetzen. Ein effektiver Validierungs-Prompt könnte lauten: "Prüfe die bereinigten Daten auf verbliebene Inkonsistenzen oder unplausible Werte. Erstelle eine Zusammenfassung der durchgeführten Korrekturen und bewerte die Datenqualität vor und nach der Bereinigung."

2.1.2 DATENFORMATE UND -STRUKTUREN MÜHELOS MIT COPILOT VEREINHEITLICHEN

Die Vielfalt inkonsistenter Datenformate stellt einen der größten Stolpersteine für effiziente Analysen dar. In meiner Beratungspraxis sehe ich täglich Excel-Tabellen, die durch ihre uneinheitliche Struktur wertvolle Arbeitszeit verschlingen. Ein Controller eines mittelständischen Maschinenbauunternehmens klagte mir kürzlich: "Ich verbringe jede Woche mindestens fünf Stunden damit, Daten aus verschiedenen Quellen in ein einheitliches Format zu bringen, bevor ich überhaupt mit der eigentlichen Analyse beginnen kann." Diese mühsame manuelle Vereinheitlichung gehört nun der Vergangenheit an.

Die Herausforderungen bei der Standardisierung von Datenformaten und strukturen sind vielfältig und allgegenwärtig. Besonders wenn Daten aus unterschiedlichen Abteilungen, Systemen oder externen Quellen stammen, treffen verschiedene Formate aufeinander: Datumsangaben (DD.MM.YYYY vs. MM/DD/YYYY), Zahlenformate (Komma vs. Punkt als Dezimaltrennzeichen), Textformatierung (Groß/Kleinschreibung) oder unterschiedliche Benennungskonventionen für identische Inhalte.

Mit Copilot können Sie diese zeitraubende Formatvereinheitlichung dramatisch beschleunigen. Die KI erkennt Muster in Ihren Daten und kann diese konsistent transformieren, ohne dass Sie komplexe Formeln oder VBA-Code schreiben müssen. Eine Marketinganalystin berichtete mir begeistert, dass sie die Zeit für die wöchentliche Konsolidierung von Kampagnendaten von drei Stunden auf etwa 20 Minuten reduzieren konnte, nachdem sie Copilot für die Formatvereinheitlichung einsetzte.

Die typischen Formatinkonsistenzen, die sich hervorragend mit Copilot standardisieren lassen, umfassen:

- **Datumsformate**: Unterschiedliche regionale Standards (DD.MM.YYYY, MM/DD/YYYY, YYYY-MM-DD)
- **Zahlenformate**: Verschiedene Dezimaltrennzeichen (Komma vs. Punkt), Tausendertrennzeichen, Währungssymbole
- **Textformatierung**: Inkonsistente Groß- und Kleinschreibung, überflüssige Leerzeichen, uneinheitliche Abkürzungen
- **Kategorische Daten**: Verschiedene Schreibweisen für identische Kategorien (z.B. "GmbH", "G.m.b.H.", "Gesellschaft mit beschränkter Haftung")
- **Strukturelle Inkonsistenzen**: Unterschiedliche Spaltenanordnungen, zusammengefasste vs. aufgeteilte Felder

Der Einstieg in die Formatvereinheitlichung mit Copilot beginnt mit einem klar formulierten Prompt. Statt vage Anweisungen zu geben, sollten Sie präzise beschreiben, welche Formatierungsaufgabe Sie lösen möchten. Ein effektiver Prompt könnte lauten: "Standardisiere alle Datumsangaben in der markierten Tabelle in das Format TT.MM.JJJJ. Erkenne dabei verschiedene Eingabeformate wie MM/DD/YYYY oder YYYY-MM-DD und wandle sie entsprechend um."

Die Magie von Copilot liegt in seiner Fähigkeit, kontextbezogen zu arbeiten und unterschiedliche Formatierungsregeln auf verschiedene Datentypen anzuwenden. Ein Finanzanalyst nutzte folgenden Prompt mit großem Erfolg: "Analysiere die markierten Daten und standardisiere sie nach folgenden Regeln: 1) Datumsangaben im Format TT.MM.JJJJ, 2) Zahlen mit Komma als Dezimaltrennzeichen und Punkt als Tausendertrennzeichen, 3) Produktnamen in einheitlicher Schreibweise mit Großbuchstaben am Anfang."

Die Standardisierung komplexer Datenstrukturen erfordert einen strategischen Ansatz. Ich empfehle eine schrittweise Vorgehensweise:

1. **Datenanalyse**: Lassen Sie Copilot zunächst Ihre Daten analysieren und inkonsistente Formate identifizieren.
2. **Regelformulierung**: Definieren Sie klare Regeln für die gewünschte Standardisierung.
3. **Schrittweise Transformation**: Führen Sie die Standardisierung in logischen Schritten durch, beginnend mit den grundlegendsten Formatanpassungen.
4. **Validierung**: Prüfen Sie die standardisierten Daten auf Korrektheit und Vollständigkeit.
5. **Dokumentation**: Lassen Sie sich von Copilot die durchgeführten Änderungen dokumentieren.

Die Vereinheitlichung von Spaltenstrukturen stellt eine besondere Herausforderung dar, die Copilot elegant lösen kann. Stellen Sie sich vor, Sie erhalten Verkaufsdaten aus verschiedenen Regionen, wobei jede Region ein leicht unterschiedliches Tabellenformat verwendet. Ein effektiver Prompt hierfür könnte lauten: "Analysiere die Strukturen der Tabellen auf den Blättern 'Region Nord', 'Region Süd' und 'Region West'. Erstelle ein einheitliches Tabellenformat mit allen relevanten Spalten und transformiere die Daten aus allen drei Quellen in dieses Standardformat."

Das Zusammenführen von aufgeteilten Datenfeldern oder umgekehrt das Aufteilen zusammengefasster Felder gehört zu den zeitraubenden Formatierungsaufgaben, die Copilot mühelos bewältigen kann. Ein Controller nutzte folgenden Prompt: "In der markierten Tabelle sind Name und Vorname in separaten Spalten. Erstelle eine neue Spalte 'Vollständiger Name', die Vorname und Nachname kombiniert, und behalte gleichzeitig die Originalspalten bei." Die umgekehrte Aufgabe lässt sich ähnlich einfach lösen.

Die Normalisierung kategorischer Daten ist ein weiterer Bereich, in dem Copilot glänzt. In vielen Datensätzen finden sich unterschiedliche Schreibweisen für dieselben Kategorien, was Analysen erschwert. Ein Marketinganalyst formulierte diesen erfolgreichen Prompt: "In der Spalte 'Kundensegment' gibt es verschiedene Schreibweisen für die gleichen Segmente (z.B. 'KMU',

'K.M.U.', 'kleine/mittlere Unternehmen'). Identifiziere und standardisiere alle Einträge auf eine einheitliche Schreibweise und zeige mir, welche Originalwerte jeweils zusammengefasst wurden."

Die Erstellung von Mapping-Tabellen für wiederkehrende Standardisierungsaufgaben bietet einen strategischen Vorteil. Ein Finanzteam nutzte Copilot, um eine Zuordnungstabelle für Produktbezeichnungen zu erstellen: "Erstelle eine Mapping-Tabelle mit zwei Spalten: 'Original' und 'Standardisiert'. In der Spalte 'Original' liste alle verschiedenen Produktbezeichnungen aus der markierten Tabelle auf. In der Spalte 'Standardisiert' schlage eine einheitliche Benennung vor." Diese Mapping-Tabelle konnte anschließend für alle zukünftigen Datenimporte wiederverwendet werden.

Die intelligente Behandlung von Duplikaten nach der Formatvereinheitlichung stellt einen wichtigen Schritt dar. Durch die Standardisierung können vorher unterschiedlich geschriebene Einträge zu Duplikaten werden. Ein effektiver Prompt hierfür: "Nach der Standardisierung der Kundennamen prüfe die Daten auf Duplikate basierend auf Kundennummer und standardisiertem Namen. Erstelle eine Liste aller identifizierten Duplikate mit Vorschlägen zur Zusammenführung oder Bereinigung."

Besonders wertvoll ist Copilots Fähigkeit, regelbasierte Transformationen auf große Datensätze anzuwenden. Ein Controller formulierte folgenden Prompt für eine komplexe Transformation: "Standardisiere die Produktkennzeichnungen nach folgendem Muster: Kategorie-Unterkategorie-ID. Extrahiere diese Informationen aus den vorhandenen Produktbeschreibungen, wobei die Kategorie dem ersten Wort, die Unterkategorie dem zweiten Wort und die ID den Zahlen am Ende entspricht." Copilot konnte diese Regel auf tausende Einträge anwenden, was manuell Tage gedauert hätte.

Die Qualitätssicherung nach der Formatvereinheitlichung bleibt ein wichtiger Schritt. Ich empfehle, Copilot explizit um eine

Validierung zu bitten: "Überprüfe die standardisierten Daten auf mögliche Fehler oder Inkonsistenzen. Erstelle eine Zusammenfassung der durchgeführten Änderungen und identifiziere eventuell problematische Transformationen, die einer manuellen Überprüfung bedürfen." Diese Vorsichtsmaßnahme hat bei mehreren meiner Kunden kritische Fehler verhindert.

Die Integration der Formatvereinheitlichung in wiederkehrende Workflows bietet enormes Potenzial zur Prozessoptimierung. Ein Controlling-Team eines Handelsunternehmens erstellte mit meiner Unterstützung eine Bibliothek von Standardprompts für ihre wöchentlichen Datenimporte. Diese konnten einfach wiederverwendet werden, was die Konsistenz erhöhte und den manuellen Aufwand minimierte.

Die nahtlose Kombination von Datenbereinigung und Formatvereinheitlichung maximiert die Effizienz. Anstatt diese Schritte separat durchzuführen, können Sie Copilot beauftragen, beides in einem Durchgang zu erledigen: "Bereinige die markierten Verkaufsdaten, indem du Duplikate entfernst und Ausreißer identifizierst. Standardisiere gleichzeitig alle Datumsangaben, Zahlenformate und Produktbezeichnungen nach unseren Unternehmensrichtlinien."

Die Dokumentation der durchgeführten Formatanpassungen ist für Transparenz und Nachvollziehbarkeit unerlässlich. Ein effektiver Prompt hierfür: "Erstelle ein Protokoll aller Formatanpassungen, die du an diesem Datensatz vorgenommen hast. Gib für jede Änderung die betroffene Spalte, die Art der Anpassung und die Anzahl der transformierten Werte an." Diese Dokumentation hilft auch bei der Optimierung zukünftiger Standardisierungsprozesse.

2.2 FORMELN UND BERECHNUNGEN

INTELLIGENT GENERIEREN

2.2.1 KOMPLEXE EXCEL-FORMELN DURCH NATÜRLICHE SPRACHEINGABE ERSTELLEN LASSEN

Die manuelle Erstellung komplexer Excel-Formeln raubt selbst erfahrenen Anwendern Zeit und Nerven. Ein Controller eines mittelständischen Industrieunternehmens gestand mir kürzlich: "Ich verbringe mehr Zeit mit dem Zusammensetzen von SVERWEIS-Funktionen als mit der eigentlichen Analyse." Diese Frustration kennen Sie nur zu gut, wenn Sie regelmäßig verschachtelte Funktionen konstruieren müssen. Mit Copilot verwandeln Sie diese Mühsal in einen dialogbasierten Prozess, der Ihre Intention versteht und präzise umsetzt.

Excel-Formeln sind das Rückgrat jeder Datenanalyse, aber ihre Komplexität übersteigt oft die kognitiven Kapazitäten selbst versierter Nutzer. Die typischen Herausforderungen bei der manuellen Formelerstellung umfassen:

- **Syntaxfehler**: Fehlende Klammern, falsche Semikolonsetzung oder inkorrekte Zellbezüge
- **Logische Fehler**: Unbeabsichtigte Verknüpfungen oder falsche Bezugstypen
- **Verschachtelungsprobleme**: Schwierigkeiten bei der Kombination mehrerer Funktionen
- **Zeitaufwand**: Stundenlanges Experimentieren mit verschiedenen Formelvarianten
- **Wartungsprobleme**: Unübersichtliche Formeln, die später kaum nachvollziehbar sind

Ein Finanzanalyst eines Energieversorgers berichtete mir von einem kritischen Fehler in einer Umsatzprognose, der auf einen falschen Zellbezug in einer komplexen WENN-Funktion zurückging. Die Entdeckung dieses Fehlers kostete sein Team zwei

Arbeitstage und führte zu einer verspäteten Entscheidungsvorlage für die Geschäftsführung.

Die Copilot-gestützte Formelgenerierung löst diese Probleme durch einen völlig neuen Ansatz. Sie beschreiben Ihre Berechnungsabsicht in natürlicher Sprache, und die KI übersetzt diese in korrekte Excel-Formeln. Ein Marketingmanager demonstrierte mir diesen Prozess eindrucksvoll: Statt eine aufwendige INDEX/VERGLEICH-Formel zu konstruieren, gab er einfach ein: "Vergleiche die Produkt-IDs aus Tabelle A mit den Lagerbeständen in Tabelle B und zeige die verfügbaren Mengen an." Copilot generierte innerhalb von Sekunden die passende Formel.

Die Vorteile dieses Ansatzes sind vielfältig:

- **Fehlerminimierung**: Die KI überprüft Syntax und Logik automatisch
- **Zeitersparnis**: Reduzierung der Formelerstellungszeit um bis zu 80%
- **Transparenz**: Copilot erklärt die generierte Formel Schritt für Schritt
- **Wartbarkeit**: Klare, konsistente Formelstrukturen durch Standardisierung
- **Demokratisierung**: Auch Excel-Einsteiger können komplexe Berechnungen erstellen

Für die effektive Nutzung der Formelgenerierung empfehle ich diesen strukturierten Prozess:

1. **Zielformulierung**: Beschreiben Sie präzise, was die Formel erreichen soll
2. **Kontextangabe**: Markieren Sie relevante Datenbereiche oder nennen Sie Tabellennamen
3. **Formatvorgaben**: Spezifizieren Sie bei Bedarf das gewünschte Ausgabeformat

4. **Iterative Verfeinerung**: Passen Sie die Formel durch Nachfragen an
5. **Validierung**: Testen Sie die Formel mit bekannten Testdaten

Ein Beispiel aus der Praxis verdeutlicht die Effektivität dieses Vorgehens. Ein Controlling-Team benötigte eine Formel zur automatischen Klassifizierung von Ausgaben nach Budgetüberschreitungen. Statt wertvolle Zeit mit Formelversuchen zu verbringen, gaben sie ein: "Erstelle eine Formel, die in Spalte C 'Budget überschritten' anzeigt, wenn der Wert in Spalte B 10% über Spalte A liegt, sonst 'Im Rahmen'." Copilot generierte umgehend: =WENN(B2>A2*1,1;"Budget überschritten";"Im Rahmen")

Die Bandbreite der generierbaren Formeln reicht von einfachen arithmetischen Operationen bis hin zu komplexen Matrixfunktionen. Besonders wertvoll ist Copilots Fähigkeit, verschachtelte Funktionen zu handhaben. Ein typischer Anwendungsfall aus dem Vertrieb: "Erstelle eine Formel, die den durchschnittlichen Tagesumsatz der letzten 30 Tage berechnet, aber Wochenenden ausschließt und nur Werte über 100 Euro berücksichtigt." Die KI kombiniert hier MITTELWERTWENNS, NETTOARBEITSTAGE und WENN-Funktionen zu einer einzigen, funktionsfähigen Formel.

Die Kunst effektiver Prompts für Formelgenerierung liegt in der Balance zwischen Präzision und Flexibilität. Zu vage Anweisungen wie "Berechne den Umsatz" führen zu generischen Ergebnissen, während überkomplexe Spezifikationen die KI überfordern können. Ein bewährter Ansatz ist die schrittweise Verfeinerung:

1. Grundformel generieren: "Berechne die monatliche Wachstumsrate"
2. Bedingungen hinzufügen: "Berücksichtige nur Werte über 1000 Euro"

3. Ausgabestruktur definieren: "Formatiere das Ergebnis als Prozentangabe mit zwei Dezimalstellen"

Ein Finanzanalyst nutzte diese Methode, um eine komplexe Kapitalflussrechnung zu automatisieren. Durch iterative Prompt-Verfeinerung reduzierte er den manuellen Formelaufwand von drei Stunden auf 20 Minuten bei gleichzeitig höherer Genauigkeit.

Die Fehlerprüfung bleibt ein essentieller Schritt, auch bei KI-generierten Formeln. Copilot unterstützt Sie dabei durch integrierte Erklärungsfunktionen. Fragen Sie einfach: "Erkläre mir, wie diese Formel funktioniert und welche Annahmen getroffen wurden." Die KI liefert dann eine detaillierte Aufschlüsselung jeder Funktion und ihrer Parameter, was die Validierung enorm vereinfacht.

Für wiederkehrende Berechnungen empfiehlt sich die Erstellung von Formelvorlagen. Ein Marketingteam entwickelte auf diese Weise Standardprompts für Kampagnen-KPIs:

- "Berechne die Cost-per-Lead für jede Kampagne"
- "Bestimme die Conversion-Rate nach Altersgruppen"
- "Analysiere die ROI-Entwicklung über die letzten Quartale"

Diese Vorlagen ermöglichen eine konsistente Berichterstellung und reduzieren den Schulungsaufwand für neue Teammitglieder.

Die Integration generierter Formeln in bestehende Arbeitsblätter erfordert strategisches Vorgehen. Ein bewährter Ansatz umfasst:

1. Formelgenerierung in einer Testumgebung
2. Überprüfung anhand von Musterdaten
3. schrittweise Implementierung im Hauptdokument
4. Dokumentation der Formellogik durch Copilot
5. Einrichtung von Plausibilitätschecks

Ein Controller eines Handelsunternehmens kombinierte diesen Prozess mit regulären Stichprobenprüfungen. Das Ergebnis: Eine Reduzierung der Formelfehler um 95% bei gleichzeitiger Halbierung der Implementierungszeit.

Die transformative Wirkung zeigt sich besonders bei der Zusammenarbeit im Team. Durch Copilot-generierte Formeln entfällt das Problem individueller Formelvarianten. Ein Finanzteam standardisierte seine Berechnungsmethoden und konnte so die Vergleichbarkeit von Berichten über verschiedene Abteilungen hinweg deutlich verbessern.

Die Grenzen der Formelgenerierung liegen dort, wo spezifisches Domänenwissen erforderlich ist. Ein Beispiel aus der Produktionsplanung: "Berücksichtige bei der Kapazitätsberechnung die Maschinenwartungsintervalle gemäß unserem internen Protokoll." In solchen Fällen muss der Anwender die generierte Formel anpassen und firmenspezifische Regeln einpflegen.

Die kontinuierliche Verbesserung Ihrer Prompting-Fähigkeiten maximiert den Nutzen der Formelgenerierung. Führen Sie ein "Formel-Logbuch", in dem Sie erfolgreiche Prompts und ihre Ergebnisse dokumentieren. Ein Data Analyst teilte mir mit, dass seine monatliche Produktivität um 40% stieg, nachdem er begann, systematisch aus vergangenen Formelgenerierungen zu lernen.

Die Kombination aus menschlicher Expertise und KI-Unterstützung schafft Synergien, die manuelle Methoden weit übertreffen. Während Copilot die technische Umsetzung übernimmt, konzentrieren Sie sich auf die strategische Interpretation der Ergebnisse. Ein CFO fasste den Effekt treffend zusammen: "Unsere Analysten verbringen nun 70% ihrer Zeit mit wertschöpfenden Tätigkeiten statt mit Formelakrobatik."

2.2.2 STANDARDBERECHNUNGEN UND KENNZAHLEN AUTOMATISIERT MIT COPILOT ERMITTELN

Standardberechnungen und Kennzahlen bilden das Rückgrat jeder fundierten Geschäftsanalyse. Doch in der Praxis erlebe ich immer wieder, wie viel Zeit Finanzexperten, Controller und Marketingfachleute mit dem manuellen Ermitteln dieser Werte verlieren. In einem produzierenden Unternehmen verbrachte das Controlling-Team monatlich drei volle Tage damit, EBITDA-Berechnungen, Umsatzwachstumsraten und Kostenquoten für verschiedene Abteilungen zu erstellen. Mit Copilot lässt sich dieser Prozess dramatisch beschleunigen und gleichzeitig die Konsistenz der Berechnungen erhöhen.

Die Bandbreite an Standardberechnungen, die sich mit Copilot automatisieren lassen, umfasst nahezu alle relevanten Geschäftskennzahlen. Von einfachen Durchschnittsberechnungen bis hin zu komplexen finanziellen Indikatoren kann die KI die Formelerstellung und Berechnung übernehmen. Ein Controller eines mittelständischen Unternehmens berichtete mir, dass er durch die Automatisierung seiner monatlichen KPI-Berechnungen die Bearbeitungszeit von zwei Tagen auf drei Stunden reduzieren konnte.

Die wesentlichen Vorteile der automatisierten Kennzahlenermittlung mit Copilot zeigen sich in mehreren Dimensionen:

- **Zeiteffizienz**: Reduzierung des manuellen Aufwands um bis zu 90% bei wiederkehrenden Berechnungen
- **Konsistenz**: Sicherstellung einheitlicher Berechnungsmethoden über verschiedene Berichte hinweg
- **Fehlerminimierung**: Elimination menschlicher Fehler bei komplexen Formeln
- **Skalierbarkeit**: Mühelose Anwendung derselben Berechnungslogik auf größere Datensätze

- **Dokumentation**: Automatische Erklärung der angewandten Berechnungsmethoden

Die praktische Anwendung beginnt mit einem klar formulierten Prompt. Anstatt allgemein zu fragen "Berechne unsere Finanzkennzahlen", sollten Sie spezifisch werden: "Berechne aus den markierten Umsatz- und Kostendaten folgende Kennzahlen: Bruttomarge pro Produktkategorie, Umsatzwachstum im Vergleich zum Vorquartal und Cost-to-Income-Ratio. Stelle die Ergebnisse in einer übersichtlichen Tabelle dar und markiere Werte außerhalb des Zielkorridors farblich."

Typische Finanzkennzahlen, die sich hervorragend für die Automatisierung eignen, umfassen:

- **Rentabilitätskennzahlen**: ROI, ROA, ROCE, Gewinnmargen auf verschiedenen Ebenen
- **Liquiditätskennzahlen**: Cashflow, Working Capital, Cash Conversion Cycle
- **Effizienzkennzahlen**: Umschlagshäufigkeiten, Durchlaufzeiten, Produktivitätsmaße
- **Wachstumskennzahlen**: CAGR, Periodenvergleiche, Marktanteilsentwicklungen
- **Bewertungskennzahlen**: KGV, EV/EBITDA, Discounted Cashflow-Berechnungen

Ein CFO eines E-Commerce-Unternehmens nutzt Copilot regelmäßig, um einen vollständigen Satz von Finanzkennzahlen zu generieren. Sein Prompt lautet: "Analysiere die Finanzdaten aus Tabelle 'Monatszahlen' und berechne unsere 12 Kern-KPIs gemäß den Definitionen in Tabelle 'KPI-Definitionen'. Zeige Vorjahresvergleich und Abweichung zum Budget. Erstelle ein Dashboard mit den wichtigsten Trends."

Für Marketing- und Vertriebsanalysen sind andere Kennzahlen relevant. Eine Marketingleiterin formulierte folgenden erfolgreichen Prompt: "Berechne aus den Kampagnendaten der letzten 6 Monate: Customer Acquisition Cost, Conversion Rate, Return on Ad Spend und Customer Lifetime Value pro Kanal. Identifiziere die drei effizientesten Kanäle basierend auf CAC/CLV-Verhältnis."

Die Formulierung präziser Prompts für Kennzahlenberechnungen folgt einem bewährten Schema:

1. **Datenquelle benennen**: Spezifizieren Sie die zu verwendenden Daten
2. **Gewünschte Kennzahlen auflisten**: Nennen Sie die konkreten KPIs
3. **Berechnungsmethode definieren**: Erläutern Sie bei Bedarf die Berechnungsweise
4. **Vergleichszeiträume angeben**: Definieren Sie relevante Zeiträume für Vergleiche
5. **Ausgabeformat beschreiben**: Spezifizieren Sie die gewünschte Darstellung

Ein Controller aus der Automobilzulieferindustrie nutzt Copilot, um Produktionskennzahlen zu ermitteln. Sein Prompt: "Berechne aus den Produktionsdaten der letzten 12 Wochen folgende Effizienzkennzahlen: OEE (Overall Equipment Effectiveness), Ausschussrate, Durchlaufzeit und Stillstandzeiten. Gliedere die Ergebnisse nach Produktionslinien und stelle einen Trend der wöchentlichen Entwicklung dar."

Die Nutzung branchenspezifischer Fachbegriffe erhöht die Präzision der Ergebnisse. Eine Finanzanalystin eines Versicherungsunternehmens formulierte: "Berechne aus den Policendaten die Combined Ratio, Loss Ratio und Expense Ratio pro Versicherungssegment. Identifiziere Segmente mit Combined Ratio über 100% und analysiere die Haupttreiber."

Der iterative Dialog mit Copilot ermöglicht die schrittweise Verfeinerung Ihrer Kennzahlenanalyse. Ein erster allgemeiner Prompt kann um spezifische Nachfragen ergänzt werden:

"Berechne nun zusätzlich die Kundenbindungsrate und segmentiere die Ergebnisse nach Kundengruppen A, B und C." Diese Dialogfähigkeit macht Copilot besonders wertvoll für explorative Analysen, bei denen die relevanten Kennzahlen nicht von Anfang an feststehen.

Die Integration branchenüblicher Benchmarks in Ihre Kennzahlenanalyse steigert deren Aussagekraft. Ein Prompt könnte lauten: "Vergleiche unsere berechneten Kennzahlen mit den in Tabelle 'Branchenbenchmarks' hinterlegten Durchschnittswerten und zeige relative Stärken und Schwächen unseres Unternehmens."

Die automatisierte Kennzahlenberechnung lässt sich ideal mit Szenariorechnungen kombinieren. Ein Finanzberater formulierte: "Berechne unsere Kernkennzahlen unter drei verschiedenen Annahmen: Basis-Szenario laut aktuellen Daten, Wachstumsszenario mit 15% höheren Umsätzen und Kostendruck-Szenario mit 10% höheren Materialkosten."

Die Einbettung von Kennzahlenberechnungen in regelmäßige Reporting-Workflows maximiert den Nutzen von Copilot. Ein Reporting-Team eines Handelsunternehmens hat eine Bibliothek von Standardprompts erstellt, die monatlich mit minimalen Anpassungen wiederverwendet werden können. Dies spart nicht nur Zeit, sondern stellt auch die konsistente Anwendung der Berechnungsmethoden sicher.

Die Validierung automatisiert ermittelter Kennzahlen bleibt ein wichtiger Schritt. Ich empfehle, Copilot explizit um Erläuterungen zu den angewandten Berechnungsmethoden zu bitten: "Erkläre die Formel, die du für die Berechnung des Working Capital verwendet hast, und zeige mir die Zwischenergebnisse." Diese Transparenz hilft, Vertrauen in die Ergebnisse aufzubauen und potenzielle Missverständnisse zu identifizieren.

Die Visualisierung berechneter Kennzahlen verstärkt deren Wirkung. Ein effektiver Prompt lautet: "Erstelle ein übersichtliches

Dashboard mit unseren 5 wichtigsten Finanzkennzahlen. Visualisiere Trends, Abweichungen vom Zielwert und vergleiche mit Vorjahreswerten. Nutze geeignete Diagrammtypen für jede Kennzahl."

Die Dokumentation der Berechnungslogik ist besonders bei komplexen Kennzahlen wichtig. Bitten Sie Copilot um eine detaillierte Beschreibung: "Dokumentiere die genaue Berechnungsmethodik für alle ermittelten Kennzahlen, einschließlich der verwendeten Datenquellen, Formeln und Annahmen." Diese Dokumentation ist wertvoll für Audits, Teamwechsel oder spätere Anpassungen.

Die Kombination mehrerer Kennzahlensysteme eröffnet ganzheitliche Einblicke. Ein Unternehmensberater nutzt Copilot, um Balanced Scorecard-Ansätze zu implementieren: "Berechne für die vier BSC-Perspektiven jeweils 3-5 relevante Kennzahlen aus unseren Daten und zeige Zusammenhänge und Abhängigkeiten zwischen den Perspektiven auf."

Der wahre Mehrwert automatisierter Kennzahlenermittlung liegt nicht nur in der Zeitersparnis, sondern in der Möglichkeit, Ressourcen auf die Interpretation statt auf die Berechnung zu konzentrieren. Ein CFO beschrieb mir den Wandel: "Früher verbrachten wir 80% unserer Zeit mit der Berechnung von Kennzahlen und nur 20% mit deren Interpretation. Mit Copilot hat sich dieses Verhältnis umgekehrt, was zu deutlich fundierteren strategischen Entscheidungen führt."

3. Tiefere Einblicke gewinnen: Komplexe Analysen mit KI vereinfachen

Nach der Automatisierung von Routineaufgaben erreichen wir nun eine neue Ebene der Excel-Nutzung mit Copilot. Die wahre Stärke der KI-Integration liegt nicht nur in der Zeitersparnis bei alltäglichen Tätigkeiten, sondern in ihrer Fähigkeit, Ihnen zu helfen, tiefere Einblicke aus Ihren Daten zu gewinnen. In meinen Beratungsprojekten erlebe ich immer wieder den Moment, in dem Kunden erkennen, dass sie mit Copilot plötzlich Analysen durchführen können, die sie zuvor für zu komplex oder zeitaufwendig gehalten hatten.

Die Verschiebung von einer operativen zu einer strategischen Nutzung von Excel markiert den nächsten Entwicklungsschritt in Ihrer Copilot-Reise. Während die bisherigen Kapitel darauf abzielten, Sie von zeitraubenden Routineaufgaben zu befreien, konzentrieren wir uns nun darauf, wie Sie diese gewonnene Zeit für wertschöpfende Analysen nutzen können. Ein Finanzleiter beschrieb mir diesen Wandel als "Befreiung des analytischen Denkens" – weg von der technischen Umsetzung, hin zum kritischen Hinterfragen der Daten.

Komplexe Datenanalysen galten lange als Domäne von Spezialisten mit tiefgreifenden statistischen Kenntnissen und Programmierfähigkeiten. Die Kombination aus Excel und Copilot demokratisiert nun den Zugang zu fortgeschrittenen Analysetechniken. Sie benötigen keine umfassenden Kenntnisse in Statistik oder Datenmodellierung mehr, um aussagekräftige Muster in Ihren Daten zu entdecken. Die KI übernimmt die technische

Komplexität, während Sie sich auf die Interpretation und Anwendung der Erkenntnisse konzentrieren können.

Die Geschwindigkeit, mit der Copilot komplexe Analysen durchführt, verändert grundlegend, wie wir mit Daten interagieren. In traditionellen Analyseumgebungen konnte eine Trendanalyse oder Korrelationsuntersuchung Stunden oder sogar Tage in Anspruch nehmen. Ein Controller eines Automobilzulieferers berichtete mir, dass er für die monatliche Trendanalyse üblicherweise zwei volle Arbeitstage benötigte. Mit Copilot reduzierte sich dieser Aufwand auf etwa 30 Minuten – bei gleichzeitig tieferen und differenzierteren Erkenntnissen.

Die Fähigkeit von Copilot, riesige Datenmengen zu analysieren und Muster zu erkennen, die dem menschlichen Auge verborgen bleiben, eröffnet völlig neue analytische Möglichkeiten. Die KI kann Korrelationen zwischen scheinbar unverbundenen Variablen identifizieren, subtile Trends erkennen und Anomalien aufspüren, die auf konventionellem Weg leicht übersehen werden. Ein Marketinganalyst eines E-Commerce-Unternehmens entdeckte durch Copilot einen unerwarteten Zusammenhang zwischen Wettermustern und Kaufverhalten bestimmter Produktkategorien – eine Erkenntnis, die zu einer gezielten Anpassung der Werbestrategie führte.

Der Dialog mit Ihren Daten nimmt durch die natürliche Sprachverarbeitung von Copilot eine völlig neue Qualität an. Anstatt sich durch Pivot-Tabellen, komplexe Formeln oder Filteroperationen zu kämpfen, können Sie Fragen an Ihre Daten in gewöhnlicher Sprache stellen. Diese Direktheit der Interaktion beschleunigt nicht nur den Analyseprozess, sondern fördert auch eine explorative, neugiergetriebene Herangehensweise. Fragen wie "Welche Produkte zeigen ein untypisches Verkaufsmuster in den letzten drei Monaten?" oder "Gibt es einen Zusammenhang zwischen Kundenzufriedenheit und Bestellhäufigkeit?" lassen sich ohne technische Hürden direkt an Ihre Daten richten.

Die KI-gestützte Komplexitätsreduktion bietet entscheidende Vorteile für verschiedene Nutzerprofile:

- **Für Finanzanalysten**: Identifikation von Treibern für Kostenabweichungen, Aufspüren versteckter Trends in Finanzdaten, multidimensionale Analyse von Kennzahlen
- **Für Controller**: Schnelle Durchführung von Sensitivitätsanalysen, automatische Erkennung von Anomalien in Berichten, prädiktive Prognosen auf Basis historischer Daten
- **Für Marketingexperten**: Segmentierung von Kundendaten nach komplexen Mustern, Analyse von Kampagneneffektivität über verschiedene Kanäle hinweg, Identifikation optimaler Preispunkte

Die Qualität Ihrer Analysen hängt maßgeblich von der Art Ihrer Fragestellung ab. In meinen Workshops zeige ich, wie präzise, gut formulierte Fragen zu tieferen Erkenntnissen führen. Vage Anfragen wie "Analysiere diese Daten" liefern oberflächliche Ergebnisse, während spezifische Fragen wie "Identifiziere die drei Hauptfaktoren, die mit dem Rückgang der Conversion-Rate in den letzten vier Wochen korrelieren" zu konkreten, handlungsrelevanten Einsichten führen.

Die Kombination menschlicher Intuition mit KI-gestützter Analysepower erzeugt einen Multiplikatoreffekt. Während Copilot die rechenintensive Arbeit übernimmt, können Sie Ihr Domänenwissen und Ihre Geschäftserfahrung einbringen, um die richtigen Fragen zu stellen und die Ergebnisse im Kontext zu interpretieren. Ein Finanzcontroller beschrieb mir diese Synergie als "das Beste aus beiden Welten": Die Schnelligkeit und Mustererkennung der KI gepaart mit dem kontextuellen Verständnis und der kritischen Beurteilung des Menschen.

Die Erkenntnisgewinnung durch KI-gestützte Analysen folgt typischerweise diesem Muster:

1. **Datenexploration**: Initialer Überblick und Verständnis der Datenstruktur
2. **Musteridentifikation**: Erkennen von Zusammenhängen, Trends und Anomalien
3. **Hypothesenbildung**: Formulierung von Annahmen basierend auf erkannten Mustern
4. **Gezielte Analyse**: Tiefergehende Untersuchung spezifischer Hypothesen
5. **Ergebnisinterpretation**: Einordnung der Erkenntnisse in den Geschäftskontext
6. **Handlungsableitung**: Entwicklung konkreter Maßnahmen auf Basis der Erkenntnisse

Der iterative Charakter dieses Prozesses macht ihn besonders wertvoll. Copilot ermöglicht Ihnen, schnell von einer Frage zur nächsten zu springen, Hypothesen zu testen und neue Analyserichtungen einzuschlagen, ohne sich in technischen Details zu verlieren. Diese Agilität führt zu einer deutlich tieferen Durchdringung Ihrer Daten als bei konventionellen Analyseansätzen.

Die Überwindung der "Analyse-Paralysis" stellt einen weiteren wichtigen Vorteil dar. Viele Fachexperten kennen das Gefühl, angesichts der schieren Datenmenge und Komplexität nicht zu wissen, wo sie mit ihrer Analyse beginnen sollen. Copilot nimmt diese Hürde, indem es einen niedrigschwelligen Einstieg in die Datenexploration ermöglicht. Eine Marketinganalystin beschrieb mir, wie sie durch einfache Fragen an Copilot einen ersten Überblick gewann, der ihr half, sich auf die relevantesten Aspekte zu konzentrieren.

Die schnelle Validierung oder Widerlegung von Annahmen beschleunigt Ihre Entscheidungsfindung erheblich. Statt tagelang Daten zu analysieren, um eine Hypothese zu überprüfen, können Sie mit Copilot innerhalb von Minuten erste Erkenntnisse gewinnen. Ein Produktmanager eines Technologieunternehmens erzählte mir, wie er verschiedene Produktstrategien anhand historischer Verkaufsdaten schnell evaluieren konnte, was zu einer fundierteren und dennoch schnelleren Entscheidungsfindung führte.

Die visuelle Dimension komplexer Datenanalysen gewinnt mit Copilot ebenfalls an Bedeutung. Die KI kann nicht nur Muster identifizieren, sondern diese auch in aussagekräftigen Visualisierungen darstellen, die die Kommunikation der Erkenntnisse erleichtern. Ein CFO eines mittelständischen Unternehmens betonte, wie wertvoll es war, seinen Geschäftsführern komplexe Zusammenhänge durch Copilot-generierte Visualisierungen zu erklären, die sonst schwer zu vermitteln gewesen wären.

Trotz aller Vorteile ist ein kritisches Bewusstsein für die Grenzen KI-gestützter Analysen unerlässlich. Copilot ist ein mächtiges Werkzeug, aber kein Ersatz für menschliches Urteilsvermögen. Die KI kann Korrelationen aufzeigen, aber die Kausalität muss vom Menschen interpretiert werden. Ein Finanzanalyst warnte: "Die größte Gefahr liegt darin, Korrelation mit Kausalität zu verwechseln. Nur weil zwei Faktoren korrelieren, bedeutet das nicht, dass einer den anderen verursacht."

Die Rolle des Menschen verändert sich in diesem neuen Paradigma. Sie werden vom Datenmanipulator zum Fragensteller und Interpreten. Ihre Fähigkeit, die richtigen Fragen zu stellen und die Antworten kritisch zu bewerten, wird wichtiger als Ihre technischen Excel-Kenntnisse. Ein Controller beschrieb diese Verschiebung als "Fokus auf das Warum statt auf das Wie" – eine fundamentale Neuausrichtung der analytischen Arbeit.

In den folgenden Abschnitten werde ich zwei Hauptanwendungsbereiche komplexer Analysen mit Copilot detailliert betrachten. Im ersten Teil konzentrieren wir uns auf die Identifikation versteckter Muster und Trends in Ihren Daten. Sie werden lernen, wie Sie Copilot nutzen können, um Korrelationen zu erkennen, Trends zu analysieren und fundierte Prognosen zu erstellen. Im zweiten Teil geht es darum, gezielte Fragen an Ihre Daten zu stellen und sofortige, verständliche Antworten zu erhalten. Sie werden die Kunst der präzisen Frageformulierung in natürlicher Sprache entwickeln und erfahren, wie Sie die Antworten von Copilot optimal interpretieren.

Das Ziel dieses Kapitels ist es, Sie zu befähigen, Ihre Daten nicht nur effizienter, sondern auch tiefgreifender zu verstehen. Mit den hier vorgestellten Techniken werden Sie in der Lage sein, Erkenntnisse zu gewinnen, die mit konventionellen Methoden kaum oder nur mit erheblichem Aufwand zugänglich wären. Lassen Sie uns gemeinsam in die Welt der komplexen Datenanalyse eintauchen und das volle Potenzial von Copilot zur Gewinnung tieferer Einblicke entdecken.

3.1 Versteckte Muster und Trends

Aufdecken

3.1.1 Copilot für die explorative Datenanalyse zur Identifikation von Korrelationen nutzen

Die explorative Datenanalyse bildet das Herzstück jeder tiefgreifenden analytischen Arbeit. In meiner Beratungspraxis begegne ich täglich Finanzanalysten und Controllern, die stundenlang mit diesem Prozess ringen, um verborgene Zusammenhänge in ihren Daten zu entdecken. Vor der Integration von Copilot benötigte ein typischer Analyst mehrere Tage, um alle relevanten Korrelationen in einem komplexen Datensatz zu identifizieren. Mit der KI-Unterstützung reduziert sich dieser Aufwand auf wenige Stunden oder sogar Minuten, bei gleichzeitiger Steigerung der Erkenntnistiefe.

Korrelationen, also statistische Zusammenhänge zwischen verschiedenen Variablen, liefern wertvolle Einblicke in Ihre Geschäftsdaten. Ein Produktmanager eines Maschinenbauunternehmens entdeckte durch Copilot eine unerwartete Korrelation zwischen Wartungsintervallen und Produktionseffizienz, die zu einer Neugestaltung des Wartungsplans und einer Effizienzsteigerung von 12% führte. Solche Erkenntnisse bleiben bei manueller Analyse oft verborgen, da die schiere Zahl möglicher Variablenbeziehungen die menschliche Verarbeitungskapazität übersteigt.

Die explorative Datenanalyse mit Copilot folgt einem strukturierten, aber flexiblen Prozess. Im Gegensatz zur traditionellen Analyse, die oft mit einer Hypothese beginnt, ermöglicht Copilot einen offeneren Ansatz, bei dem Sie die Daten "sprechen lassen". Ein Controller beschrieb mir diesen Wandel: "Früher musste ich gezielt nach bestimmten Zusammenhängen suchen. Mit Copilot kann ich das gesamte Korrelationsspektrum erfassen und werde oft von Mustern überrascht, nach denen ich nie aktiv gesucht hätte."

Die Vorbereitung Ihrer Daten für die explorative Analyse bildet den ersten Schritt. Idealerweise organisieren Sie Ihre Daten in einem strukturierten Format mit klaren Spaltenüberschriften. Copilot kann zwar auch mit weniger strukturierten Daten arbeiten, liefert jedoch präzisere Ergebnisse, wenn die Datenstruktur konsistent ist. Ein effektiver Ansatz besteht darin, Ihre Rohdaten zunächst in eine Tabelle zu konvertieren, bevor Sie mit der Analyse beginnen. Ein Finanzanalyst teilte mir mit: "Die zehn Minuten, die ich in die Strukturierung meiner Daten investiere, sparen mir später Stunden an Nacharbeit."

Der Einstieg in die explorative Analyse erfolgt am besten mit einem breiten, offenen Prompt. Anstatt spezifische Beziehungen zu erfragen, bitten Sie Copilot um einen umfassenden Überblick: "Analysiere diese Verkaufsdaten explorativ und identifiziere potenzielle Zusammenhänge zwischen allen Variablen. Präsentiere die stärksten Korrelationen und beschreibe, welche unerwarteten Muster du erkennst." Dieser offene Ansatz ermöglicht es der KI, Ihre Daten ganzheitlich zu betrachten und Muster zu entdecken, die außerhalb Ihres aktuellen Fokus liegen könnten.

Die Identifikation von Korrelationen durch Copilot basiert auf fortschrittlichen statistischen Methoden, die in Sekundenschnelle durchgeführt werden. Ein typischer Output könnte so aussehen: "Zwischen Marketingausgaben und Umsatz besteht eine starke positive Korrelation ($r=0.87$), jedoch mit einer Verzögerung von zwei Monaten. Unerwarteterweise zeigt sich auch eine moderate negative Korrelation ($r=-0.43$) zwischen Verkaufspreisen und Kundenzufriedenheit in der Produktkategorie A, nicht aber in Kategorie B." Diese Art von multidimensionaler Analyse würde manuell mehrere Stunden in Anspruch nehmen.

Die verschiedenen Korrelationstypen, die Copilot identifizieren kann, umfassen:

- **Positive Korrelationen**: Variablen, die sich in die gleiche Richtung bewegen, z.B. Marketingausgaben und Umsatz
- **Negative Korrelationen**: Variablen, die sich in entgegengesetzte Richtungen bewegen, z.B. Preis und Nachfrage
- **Zeitverzögerte Korrelationen**: Zusammenhänge mit zeitlichem Versatz, z.B. Marketingkampagnen und spätere Umsatzsteigerungen
- **Nicht-lineare Korrelationen**: Komplexe Beziehungen, die keinem linearen Muster folgen, z.B. Temperatur und Energieverbrauch (U-förmige Kurve)
- **Bedingte Korrelationen**: Zusammenhänge, die nur unter bestimmten Bedingungen auftreten, z.B. saisonale Effekte

Ein Marketingmanager eines E-Commerce-Unternehmens nutzte Copilot, um zeitverzögerte Korrelationen zwischen Social-Media-Aktivitäten und Verkaufszahlen zu identifizieren. Die Analyse zeigte, dass bestimmte Content-Typen erst nach 3-4 Wochen ihre volle Wirkung entfalteten, während andere nahezu sofortige Effekte hatten. Diese Erkenntnis führte zu einer strategischen Neuausrichtung des Content-Kalenders.

Die Visualisierung von Korrelationen verstärkt Ihr Verständnis erheblich. Bitten Sie Copilot, die entdeckten Zusammenhänge grafisch darzustellen: "Visualisiere die drei stärksten Korrelationen in meinen Daten durch geeignete Diagramme und hebe ungewöhnliche Datenpunkte hervor." Die KI wählt automatisch die passende Visualisierungsform, sei es ein Streudiagramm für zwei kontinuierliche Variablen oder ein Boxplot für die Beziehung zwischen kategorischen und kontinuierlichen Daten.

Die Interpretation von Korrelationen erfordert kritisches Denken. Hier liegt die Stärke der Mensch-KI-Partnerschaft: Copilot identifiziert statistische Zusammenhänge, während Sie diese im Geschäftskontext interpretieren. Ein wesentlicher Punkt, den ich in meinen Workshops immer betone: Korrelation impliziert nicht automatisch Kausalität. Ein Controller entdeckte eine starke

Korrelation zwischen Mitarbeiterzufriedenheit und Produktivität. Anstatt sofort anzunehmen, dass Zufriedenheit zu höherer Produktivität führt, untersuchte er weitere Faktoren und entdeckte, dass beide Variablen von der Qualität der Führung beeinflusst wurden.

Die iterative Verfeinerung Ihrer Analyse führt zu immer tieferen Erkenntnissen. Nach der ersten breiten Exploration können Sie gezielt nachhaken: "Untersuche die Korrelation zwischen Kundenzufriedenheit und Wiederkaufsrate genauer. Gibt es bestimmte Kundensegmente, in denen dieser Zusammenhang besonders stark oder schwach ausgeprägt ist?" Durch diesen schrittweisen Prozess dringen Sie immer tiefer in Ihre Daten ein und entdecken nuancierte Zusammenhänge, die bei oberflächlicher Betrachtung verborgen bleiben.

Die Kombination verschiedener Datenquellen eröffnet neue Analysedimensionen. Ein Finanzanalyst verknüpfte Verkaufsdaten mit externen Wirtschaftsindikatoren und bat Copilot: "Analysiere die Korrelationen zwischen unseren Quartalsumsätzen, dem Branchenindex und dem Verbrauchervertrauensindex der letzten drei Jahre." Die KI identifizierte, dass bestimmte Produktlinien stärker von makroökonomischen Faktoren beeinflusst wurden als andere, was zu einer differenzierteren Prognose- und Strategieentwicklung führte.

Die Stärke moderner Analysen liegt in der multivariaten Betrachtung. Anstatt nur Paarbeziehungen zu untersuchen, kann Copilot komplexe Mehrfachbeziehungen identifizieren. Ein Controller formulierte folgenden Prompt: "Führe eine multivariate Analyse durch, um zu verstehen, wie Verkaufspreis, Marketingkanal und Kundensegment gemeinsam den Umsatz beeinflussen. Identifiziere die wichtigsten Interaktionseffekte." Die Ergebnisse zeigten, dass bestimmte Preispunkte in Kombination mit spezifischen Kanälen überproportional gut bei bestimmten Kundensegmenten funktionierten, eine Erkenntnis, die zu einer gezielteren Marketingstrategie führte.

Die Integration von Kontextwissen in Ihre Prompts verbessert die Qualität der Analyse erheblich. Teilen Sie relevante Brancheninformationen oder Geschäftskontexte mit Copilot: "Berücksichtige bei der Analyse, dass unser Geschäft stark saisonal geprägt ist, mit Spitzen im November/Dezember und im Frühjahr. Identifiziere Korrelationen, die über diese bekannten saisonalen Effekte hinausgehen." Diese Kontextinformationen helfen der KI, irreführende oder triviale Korrelationen von wirklich wertvollen Erkenntnissen zu unterscheiden.

Die automatische Erkennung von Ausreißern und deren Einfluss auf Korrelationen stellt eine besondere Stärke von Copilot dar. Ein Prompt wie "Identifiziere potenzielle Ausreißer in meinen Daten und analysiere, wie diese die Korrelationen zwischen Umsatz und Kundenzufriedenheit beeinflussen" kann aufzeigen, ob scheinbare Zusammenhänge durch einzelne extreme Datenpunkte verzerrt werden. Ein Marketinganalyst entdeckte so, dass eine vermeintlich starke Korrelation zwischen Werbeausgaben und Conversion-Rate hauptsächlich auf zwei außergewöhnlich erfolgreiche Kampagnen zurückzuführen war und nicht auf einen generellen Trend.

Die Dokumentation und Kommunikation Ihrer Erkenntnisse bildet einen wichtigen Abschluss der explorativen Analyse. Copilot kann Ihnen dabei helfen, Ihre Ergebnisse strukturiert zusammenzufassen: "Erstelle eine übersichtliche Zusammenfassung der wichtigsten Korrelationen in meinen Daten, geordnet nach Stärke. Erkläre jede Korrelation in verständlicher Sprache und füge relevante Visualisierungen bei." Diese Zusammenfassung dient als wertvolle Grundlage für Entscheidungsfindung und weitere Analysen.

3.1.2 AUSSAGEKRÄFTIGE TRENDANALYSEN UND PROGNOSEN PER KI ERSTELLEN

Die Fähigkeit, Trends frühzeitig zu erkennen und präzise Prognosen zu erstellen, unterscheidet erfolgreiche Unternehmen von ihren Mitbewerbern. In meiner Beratungspraxis erlebe ich täglich, wie Entscheidungsträger mit der Komplexität von Trendanalysen ringen. Vor der Einführung von Copilot benötigte ein Finanzanalyst eines mittelständischen Produktionsunternehmens durchschnittlich zwei volle Arbeitstage, um Absatztrends zu analysieren und eine fundierte Prognose zu erstellen. Mit der KI-Unterstützung reduzierte sich dieser Zeitaufwand auf knapp zwei Stunden – bei gleichzeitiger Steigerung der Prognosegenauigkeit um 15%.

Trendanalysen enthüllen die verborgenen Geschichten in Ihren Daten. Sie zeigen nicht nur, was passiert ist, sondern geben auch Hinweise darauf, was in Zukunft geschehen könnte. Ein Controller eines Logistikunternehmens entdeckte durch die Copilot-gestützte Trendanalyse ein subtiles saisonales Muster in den Transportkosten, das in den traditionellen Monatsvergleichen völlig untergegangen war. Diese Erkenntnis führte zu einer angepassten Ressourcenplanung, die die Profitabilität signifikant steigerte.

Der Einstieg in die KI-gestützte Trendanalyse beginnt mit einer präzisen Fragestellung. Anstatt allgemein nach "Trends" zu suchen, sollten Sie Ihre Anfrage spezifizieren. Ein effektiver Prompt könnte lauten: "Analysiere die Umsatzdaten der letzten acht Quartale auf saisonale Muster, langfristige Trends und ungewöhnliche Abweichungen. Berücksichtige dabei besonders die Produktkategorien A und B." Je spezifischer Ihre Anfrage, desto relevanter werden die Ergebnisse sein.

Die verschiedenen Trendtypen, die Copilot identifizieren kann, umfassen:

- **Lineare Trends**: Kontinuierliche Aufwärts- oder Abwärtsbewegungen über die Zeit, z.B. stetig wachsende Kundenakquisitionskosten
- **Saisonale Muster**: Regelmäßig wiederkehrende Schwankungen, z.B. Umsatzspitzen im Weihnachtsgeschäft
- **Zyklische Trends**: Längerfristige Schwankungen ohne feste Zeitbindung, z.B. konjunkturbedingte Nachfrageänderungen
- **Strukturbrüche**: Plötzliche Veränderungen im Trendverhalten, z.B. nach Markteintritt eines neuen Wettbewerbers
- **Kombinierte Muster**: Überlagerung verschiedener Trendtypen, z.B. ein saisonales Muster mit überlagertem linearen Wachstumstrend

Ein Marketingmanager eines E-Commerce-Unternehmens nutzte Copilot, um komplexe, überlagerte Trends in seinen Conversion-Raten zu entschlüsseln. Der Prompt "Analysiere die täglichen Conversion-Raten der letzten 12 Monate und identifiziere Wochentags-Effekte, saisonale Schwankungen und langfristige Trends. Stelle diese visuell dar und erkläre die wichtigsten Muster" lieferte in Sekunden eine multidimensionale Analyse, die drei überlagerte Rhythmen offenbarte: einen Wochentagszyklus, saisonale Schwankungen und einen graduellen Aufwärtstrend nach Optimierung der Nutzeroberfläche.

Die Prognoseerstellung mit Copilot revolutioniert die Art, wie wir in die Zukunft blicken. Die KI kann verschiedene statistische Methoden kombinieren, um präzise Vorhersagen zu treffen. Ein Controller berichtete mir begeistert, wie er mit folgendem Prompt eine treffsichere Absatzprognose erstellen konnte: "Erstelle basierend auf unseren historischen Verkaufsdaten eine Prognose für die nächsten drei Quartale. Berücksichtige dabei saisonale Muster, allgemeine Markttrends und die Korrelation mit dem Wirtschaftswachstum. Stelle verschiedene Szenarien dar (optimistisch, realistisch, pessimistisch) und erkläre die zugrundeliegenden Annahmen."

Die Qualität der Prognosen hängt maßgeblich von der Datengrundlage ab. Ich empfehle, Copilot mit möglichst umfassenden historischen Daten zu füttern und relevante Kontextinformationen bereitzustellen. Ein präziser Prompt könnte lauten: "Für die Prognose berücksichtige bitte folgende externe Faktoren: Die geplante Preiserhöhung im April, die neue Marketingkampagne ab Mai und den erwarteten Markteintritt des Wettbewerbers im dritten Quartal." Diese Kontextualisierung verbessert die Prognosegenauigkeit erheblich.

Die unterschiedlichen Prognosehorizonte erfordern verschiedene Ansätze. Meine Erfahrung zeigt:

- **Kurzfristige Prognosen** (1-3 Monate): Hier liefert Copilot extrem präzise Ergebnisse, da kurzfristige Muster oft stabil sind
- **Mittelfristige Prognosen** (3-12 Monate): Gute Genauigkeit bei stabilem Marktumfeld, sollte mit Szenariotechniken kombiniert werden
- **Langfristige Prognosen** (>12 Monate): Hier empfehle ich einen Szenario-basierten Ansatz mit mehreren Entwicklungspfaden

Ein Finanzteam eines Automobilzulieferers erzielte beeindruckende Erfolge mit gestaffelten Prognosehorizonten. Sie nutzten einen mehrstufigen Prompt: "Erstelle eine detaillierte Prognose für die nächsten 3 Monate, eine Trendprognose für das kommende Jahr und skizziere langfristige Entwicklungsszenarien für die nächsten drei Jahre. Berücksichtige dabei Branchenprognosen zur Elektromobilität."

Die Konfidenzintervalle und Zuverlässigkeitsindikatoren sollten bei jeder Prognose berücksichtigt werden. Bitten Sie Copilot explizit, die Unsicherheit der Vorhersage zu quantifizieren: "Gib für jede

Prognosewert auch ein 90%-Konfidenzintervall an und erkläre, welche Faktoren die größte Unsicherheit verursachen." Diese Transparenz hilft Ihnen, das Risiko Ihrer Entscheidungen besser einzuschätzen.

Die visuelle Darstellung von Trends und Prognosen verstärkt das Verständnis erheblich. Copilot kann auf Anfrage aussagekräftige Visualisierungen erstellen, die komplexe Muster verdeutlichen. Ein nützlicher Prompt lautet: "Visualisiere den identifizierten Trend mit einem geeigneten Diagramm. Zeige sowohl die historischen Daten als auch die Prognose mit Konfidenzintervallen. Markiere wichtige Ereignisse oder Wendepunkte im Diagramm." Die resultierenden Visualisierungen eignen sich hervorragend für Präsentationen und Entscheidungsvorlagen.

Die Trendextrapolation kann durch Kombination mit What-if-Szenarien noch wertvoller werden. Eine Marketingleiterin formulierte folgenden Prompt: "Basierend auf den bisherigen Conversion-Trends, modelliere drei Szenarien: 1) Was passiert, wenn wir das Marketingbudget um 20% erhöhen? 2) Was passiert, wenn wir es um 10% reduzieren? 3) Was passiert, wenn wir die Verteilung zwischen Online- und Offline-Kanälen ändern?" Diese szenarien-basierte Analyse lieferte wertvolle Entscheidungsgrundlagen für die Budgetplanung.

Die Identifikation von Trendwendepunkten gehört zu den wertvollsten Erkenntnissen, die Copilot liefern kann. Ein Controller nutzte diesen Prompt mit großem Erfolg: "Analysiere unsere Umsatzentwicklung der letzten 24 Monate und identifiziere potenzielle Trendwendepunkte oder Anzeichen für einen bevorstehenden Trendwechsel. Welche frühen Warnsignale sollten wir beachten?" Die KI identifizierte subtile Veränderungen im Kaufverhalten bestimmter Kundensegmente, die auf einen bevorstehenden Nachfragerückgang hindeuteten, lange bevor dieser in den Gesamtzahlen sichtbar wurde.

Die Segmentierung Ihrer Daten vor der Trendanalyse kann tiefere Einblicke liefern. Ein Vertriebsleiter entdeckte durch segmentierte Analyse völlig unterschiedliche Trends in verschiedenen Kundengruppen: "Analysiere die Umsatztrends, segmentiert nach Kundengröße, Branche und Region. Identifiziere Segmente mit überdurchschnittlichem Wachstum und solche mit rückläufiger Entwicklung." Diese differenzierte Betrachtung ermöglichte eine zielgerichtete Anpassung der Vertriebsstrategie.

Die adaptive Trendanalyse durch kontinuierliches Lernen stellt einen besonderen Vorteil der KI-gestützten Analyse dar. Copilot kann bei regelmäßiger Nutzung die Qualität der Trendanalysen kontinuierlich verbessern, indem es aus vergangenen Prognosen und deren Genauigkeit lernt. Ein Controller implementierte einen monatlichen Prozess mit diesem Prompt: "Vergleiche die letzte Quartalsprognose mit den tatsächlichen Ergebnissen. Analysiere Abweichungen und deren Ursachen und erstelle eine verbesserte Prognose für das kommende Quartal, die diese Erkenntnisse berücksichtigt."

Das Zusammenspiel von menschlicher Intuition und KI-basierter Trendanalyse erzeugt den größten Mehrwert. Während Copilot Muster erkennt, die für Menschen oft unsichtbar bleiben, bringen Sie das kontextuelle Verständnis und die strategische Perspektive ein. Ein CFO beschrieb diesen Synergie-Effekt treffend: "Copilot zeigt uns, WAS in unseren Daten passiert, während wir als Experten das WARUM und WAS JETZT interpretieren."

3.2 GEZIELTE FRAGEN AN IHRE DATEN

STELLEN

3.2.1 KOMPLEXE ANALYTISCHE FRAGESTELLUNGEN IN NATÜRLICHER SPRACHE FORMULIEREN

Die Kunst, komplexe analytische Fragestellungen in natürlicher Sprache zu formulieren, stellt einen fundamentalen Paradigmenwechsel in der Datenanalyse dar. In meiner langjährigen Beratungstätigkeit beobachte ich immer wieder, wie Finanzexperten und Controller ihre Gedanken zunächst "übersetzen" müssen, um mit Excel zu kommunizieren. Sie denken: "Wie hat sich der Umsatz in Region Süd im letzten Quartal entwickelt?", müssen diese Frage aber in eine Reihe technischer Schritte umwandeln, um die Antwort zu erhalten. Copilot eliminiert diese kognitive Barriere und ermöglicht Ihnen, direkt in Ihrer natürlichen Denkweise zu arbeiten.

Die Formulierung treffender analytischer Fragen bildet den Schlüssel zu wertvollen Erkenntnissen. Ein Controller eines Maschinenbauunternehmens vertraute mir an: "Früher verbrachte ich mehr Zeit damit, herauszufinden, wie ich eine bestimmte Analyse in Excel umsetzen kann, als mit der eigentlichen Interpretation der Ergebnisse." Mit Copilot können Sie Ihre analytischen Gedanken direkt äußern, ohne den Umweg über technische Excel-Konstrukte gehen zu müssen.

Natürliche Sprache bietet einen enormen Vorteil gegenüber technischen Formulierungen: Sie entspricht der Art, wie wir tatsächlich denken. Statt sich zu fragen "Welche WENN-DANN-Formel mit SVERWEIS muss ich konstruieren?" können Sie einfach formulieren: "Zeige mir alle Kunden, die in den letzten drei Monaten mehr als 5.000 Euro ausgegeben haben und deren Bestellfrequenz über dem Durchschnitt liegt." Diese

Direktheit beschleunigt nicht nur den Analyseprozess, sondern steigert auch Ihre Kreativität im Umgang mit Daten.

Die Struktur komplexer analytischer Fragen folgt typischerweise einem Muster, das ich in erfolgreichen Projekten immer wieder beobachte:

- **Kernanfrage**: Die grundlegende Frage oder Analyse, die Sie durchführen möchten
- **Datenspezifikation**: Präzisierung, welche Datenbereiche oder Zeiträume betrachtet werden sollen
- **Filter und Bedingungen**: Einschränkungen oder Spezifikationen, die auf die Daten angewendet werden sollen
- **Ausgabeformat**: Wie die Ergebnisse dargestellt werden sollen
- **Interpretationshilfe**: Bitte um Hervorhebung besonders relevanter Erkenntnisse

Ein Marketingmanager nutzte beispielsweise folgenden Prompt mit großem Erfolg: "Analysiere die Conversion-Raten unserer Online-Kampagnen aus dem Tabellenblatt 'Marketing-KPIs' für die letzten sechs Monate, aufgeschlüsselt nach Kanaltyp und Zielgruppe. Stelle die Ergebnisse in einer übersichtlichen Tabelle dar und hebe die drei erfolgreichsten und die drei schwächsten Kanal-Zielgruppen-Kombinationen farblich hervor. Füge eine kurze Interpretation der auffälligsten Trends hinzu."

Der Detaillierungsgrad Ihrer Fragen beeinflusst maßgeblich die Qualität der Antworten. Zu vage Formulierungen führen zu generischen Ergebnissen, während übermäßig komplexe Anfragen die KI überfordern können. Ich empfehle einen Mittelweg: Spezifisch genug, um relevante Ergebnisse zu erhalten, aber nicht so verschachtelt, dass die Anfrage unverständlich wird. Eine Finanzanalystin beschrieb ihre Erfahrung: "Am Anfang habe ich Copilot mit zu detaillierten Anfragen überfordert. Mit der Zeit lernte ich, meine Fragen präzise, aber nicht überkomplex zu formulieren."

Die verschiedenen Analysetypen erfordern unterschiedliche Frageformate. Hier sind bewährte Muster für häufige Analysearten:

- **Vergleichsanalysen**: "Vergleiche [Metrik A] zwischen [Segment 1] und [Segment 2] über [Zeitraum] und zeige die prozentuale Differenz."
- **Trendanalysen**: "Wie hat sich [Metrik] in [Zeitraum] entwickelt? Identifiziere saisonale Muster und langfristige Trends."
- **Korrelationsanalysen**: "Gibt es einen Zusammenhang zwischen [Variable A] und [Variable B]? Berechne den Korrelationskoeffizienten und visualisiere die Beziehung."
- **Anomaliesuche**: "Identifiziere ungewöhnliche Werte oder Ausreißer in [Datensatz] basierend auf [Kriterium]."
- **Szenarioanalysen**: "Was würde mit [Zielmetrik] passieren, wenn [Variable] um [X%] steigt/sinkt?"

Die Integration von Kontext und Hintergrundwissen in Ihre Fragen führt zu präziseren Ergebnissen. Ein Controller formulierte: "Analysiere unsere Rohstoffkosten unter Berücksichtigung, dass wir im Februar einen neuen Lieferanten hinzugenommen haben und die Preise saisonalen Schwankungen unterliegen." Dieser Kontext half Copilot, die Daten besser zu interpretieren und relevantere Erkenntnisse zu liefern.

Komplexe Mehrschritt-Analysen lassen sich durch strukturierte Prompt-Sequenzen realisieren. Statt eine einzelne, hochkomplexe Frage zu stellen, können Sie den Analyseprozess in logische Schritte unterteilen. Ein Finanzanalyst nutzte diesen Ansatz erfolgreich:

1. "Identifiziere zunächst unsere Top 10 Produkte nach Umsatz im letzten Quartal."

2. "Analysiere nun für diese Top 10 Produkte die Gewinnmargen und Entwicklungstrends."
3. "Vergleiche diese Produkte hinsichtlich ihrer Lagerumschlagshäufigkeit und Lieferzeiten."
4. "Stelle abschließend eine Gesamtbewertung dieser Produkte nach Rentabilität und operativer Effizienz zusammen."

Die Kombination qualitativer und quantitativer Elemente in Ihren Fragen führt zu ganzheitlicheren Analysen. Anstatt nur nach Zahlen zu fragen, können Sie Copilot bitten, auch qualitative Aspekte zu berücksichtigen. Eine Marketingleiterin formulierte: "Analysiere nicht nur die numerischen Conversion-Raten unserer Kampagnen, sondern berücksichtige auch die qualitativen Kundenfeedbacks aus Spalte F und kategorisiere die Kampagnen nach ihrem qualitativen und quantitativen Erfolg."

Zeitliche Dimensionen in Ihren Fragen ermöglichen dynamische Analysen. Ein Controller fragte: "Wie haben sich unsere Hauptkostentreiber im Laufe der letzten vier Quartale verändert? Identifiziere, welche Kostenarten relativ zugenommen oder abgenommen haben und ob sich ihre Volatilität verändert hat." Diese zeitliche Perspektive offenbarte wertvolle Einsichten in sich verändernde Kostendynamiken.

Die bewusste Wahl analytischer Blickwinkel bereichert Ihre Analysen. Je nach Fragestellung können Sie Top-down oder Bottom-up vorgehen. Ein Verkaufsleiter wechselte gezielt zwischen beiden Perspektiven:

- **Top-down**: "Analysiere unseren Gesamtumsatz nach Regionen und identifiziere die leistungsstärksten und -schwächsten Gebiete."
- **Bottom-up**: "Untersuche die Verkaufsdaten auf Produktebene und zeige, welche spezifischen Produkte in den schwächeren Regionen dennoch gut performen."

Die Balance zwischen offenen und geschlossenen Fragen fördert sowohl explorative als auch bestätigende Analysen. Offene Fragen wie "Welche interessanten Muster erkennst du in unseren Kundendaten?" fördern unerwartete Entdeckungen, während geschlossene Fragen wie "Stimmt es, dass unsere Premium-Kunden häufiger im Dezember kaufen?" spezifische Hypothesen überprüfen. Ein Marketinganalyst berichtete mir, dass er bewusst zwischen beiden Fragetypen wechselt, um sowohl neue Einsichten zu gewinnen als auch bestehende Annahmen zu validieren.

Die Priorisierung von Analyseaspekten durch klare Gewichtung in Ihren Fragen lenkt den Fokus auf das Wesentliche. Statt allgemein nach "allen Faktoren" zu fragen, können Sie spezifizieren: "Analysiere unsere Kundenbindungsrate mit besonderem Fokus auf den Einfluss des Kundenservice und der Produktqualität. Berücksichtige auch Preisfaktoren, aber mit niedrigerer Priorität." Diese Gewichtung hilft Copilot, die relevantesten Erkenntnisse in den Vordergrund zu stellen.

Die Integration von Benchmarks und Vergleichspunkten reichert Ihre Analysen an. Eine Finanzcontrollerin fragte: "Wie entwickeln sich unsere Vertriebskosten im Vergleich zum Branchendurchschnitt aus Tabelle 'Benchmarks' und im Vergleich zu unseren Vorjahreszahlen?" Diese relativen Vergleiche lieferten einen wertvolleren Kontext als absolute Zahlen allein.

Die Berücksichtigung statistischer Signifikanz in Ihren Fragen führt zu robusteren Erkenntnissen. Ein Produktmanager formulierte: "Analysiere, ob der beobachtete Anstieg der Kundenzufriedenheit nach unserer Produktaktualisierung statistisch signifikant ist oder im Bereich normaler Schwankungen liegt. Berücksichtige dabei die Stichprobengröße und übliche Varianzen in unseren Zufriedenheitswerten." Diese Präzisierung half, voreilige Schlüsse zu vermeiden.

3.2.2 Sofortige, verständliche Antworten und Erklärungen von Copilot erhalten

Die Fähigkeit, schnelle und präzise Antworten auf komplexe Fragen zu erhalten, ist einer der größten Vorteile von Microsoft 365 Copilot. In meiner Beratungspraxis habe ich immer wieder erlebt, wie Fachkräfte durch langwierige Datenanalysen ausgebremst werden. Ein Controller eines mittelständischen Unternehmens schilderte mir kürzlich, dass er oft mehrere Stunden benötigt, um eine Ad-hoc-Frage des Managements zu beantworten, da er die relevanten Daten manuell durchsuchen und analysieren muss. Mit Copilot verkürzt sich dieser Prozess auf wenige Minuten, ohne dass die Qualität der Ergebnisse leidet.

Copilot versteht Ihre Fragen in natürlicher Sprache und liefert sofort Antworten, die nicht nur präzise sind, sondern auch leicht verständlich dargestellt werden. Diese direkte Interaktion mit Ihren Daten ermöglicht es Ihnen, schneller fundierte Entscheidungen zu treffen. Ein Finanzanalyst beschrieb mir begeistert: "Ich kann jetzt direkt fragen: 'Welche Produktkategorie hatte im letzten Quartal die höchste Gewinnmarge?' und bekomme sofort eine klare Antwort mit den entsprechenden Zahlen."

Die Qualität der Antworten hängt maßgeblich von der Präzision Ihrer Fragen ab. Statt allgemein zu fragen: "Wie war der Umsatz?", sollten Sie Ihre Anfrage spezifizieren: "Zeige den Umsatz nach Regionen für das letzte Quartal und identifiziere die drei Regionen mit dem stärksten Wachstum." Diese Spezifikation hilft Copilot, die relevanten Daten gezielt zu durchsuchen und Ihnen eine strukturierte Antwort zu liefern.

Die verschiedenen Antworttypen, die Copilot generieren kann, umfassen:

- **Direkte Zahlenwerte**: Klare Ergebnisse wie Umsatzsummen oder Durchschnittswerte

- **Vergleichende Analysen**: Gegenüberstellungen von Variablen oder Zeiträumen
- **Trendanalyse**: Beschreibung von Entwicklungen über einen bestimmten Zeitraum
- **Korrelationen**: Statistische Zusammenhänge zwischen Variablen
- **Visuelle Darstellungen**: Diagramme oder Tabellen zur besseren Verständlichkeit
- **Erklärungen**: Textbasierte Interpretationen der Ergebnisse

Ein Marketingexperte nutzte Copilot, um die Effektivität seiner Kampagnen zu analysieren. Sein Prompt lautete: "Vergleiche die Conversion-Raten unserer Kampagnen im letzten Quartal nach Kanaltyp und Zielgruppe. Welche Kampagnen waren am erfolgreichsten und warum?" Die Antwort enthielt nicht nur eine Tabelle mit den Zahlen, sondern auch eine kurze Erklärung der Hauptfaktoren für den Erfolg bestimmter Kampagnen.

Die Fähigkeit von Copilot, Ergebnisse verständlich zu erklären, hebt ihn deutlich von traditionellen Analysewerkzeugen ab. Statt nur rohe Zahlen zu liefern, kann die KI die Ergebnisse interpretieren und in einen Kontext setzen. Ein Controller formulierte seinen Prompt so: "Analysiere die Kostenentwicklung unserer Hauptlieferanten im letzten Jahr und erkläre mögliche Gründe für signifikante Schwankungen." Copilot identifizierte nicht nur die Haupttreiber der Kostenänderungen (z.B. Rohstoffpreise), sondern lieferte auch eine kurze Erklärung ihrer Auswirkungen auf das Gesamtbudget.

Die iterative Verfeinerung Ihrer Fragen ermöglicht es Ihnen, schrittweise tiefere Erkenntnisse zu gewinnen. Nach einer ersten allgemeinen Antwort können Sie gezielt nachhaken: "Untersuche den Umsatzrückgang in Region Süd genauer. Gibt es bestimmte Produkte oder Kundensegmente, die besonders betroffen sind?" Diese Dialogfähigkeit macht Copilot besonders wertvoll für explorative Analysen.

Die visuelle Darstellung von Antworten erleichtert das Verständnis komplexer Zusammenhänge erheblich. Bitten Sie Copilot, die Ergebnisse grafisch darzustellen: "Zeige die Umsatzentwicklung der letzten sechs Monate nach Produktkategorien in einem gestapelten Balkendiagramm." Die Kombination aus textuellen und visuellen Antworten hilft Ihnen nicht nur bei der Analyse, sondern auch bei der Kommunikation Ihrer Erkenntnisse an Kollegen oder Vorgesetzte.

Die Integration von Kontext in Ihre Fragen verbessert die Relevanz der Antworten erheblich. Ein Finanzanalyst formulierte seinen Prompt so: "Analysiere unsere Kostenstruktur unter Berücksichtigung des neuen Lieferantenvertrags ab März und der saisonalen Schwankungen im zweiten Quartal." Diese zusätzlichen Informationen halfen Copilot, die Daten präziser zu interpretieren und relevantere Ergebnisse zu liefern.

Die automatische Validierung von Ergebnissen durch Copilot erhöht Ihre Sicherheit bei der Nutzung der KI-gestützten Analysen. Bitten Sie Copilot explizit um eine Überprüfung seiner eigenen Arbeit: "Prüfe deine Analyse auf mögliche Inkonsistenzen oder ungewöhnliche Werte und erkläre mir, wie du diese behandelt hast." Diese Funktion hilft Ihnen, Vertrauen in die Ergebnisse aufzubauen und potenzielle Fehler frühzeitig zu erkennen.

Die Kombination aus menschlicher Intuition und KI-gestützter Analyse erzeugt Synergien, die weit über das hinausgehen, was manuell möglich wäre. Während Copilot Muster erkennt und Daten analysiert, bringen Sie Ihr Fachwissen ein, um die richtigen Fragen zu stellen und die Antworten kritisch zu bewerten. Ein CFO fasste diesen Vorteil treffend zusammen: "Copilot liefert uns das Was – wir interpretieren das Warum."

4. Daten wirkungsvoll visualisieren: Erkenntnisse klar kommunizieren

Die Fähigkeit, Daten effektiv zu visualisieren, ist entscheidend für die Kommunikation von Analyseergebnissen und die Unterstützung fundierter Geschäftsentscheidungen. In meiner Beratungspraxis habe ich immer wieder gesehen, wie selbst hervorragende Analysen ihre Wirkung verlieren, wenn sie nicht klar und überzeugend präsentiert werden. Ein Controller eines mittelständischen Unternehmens erzählte mir, dass er oft Schwierigkeiten hatte, komplexe Berichte so darzustellen, dass das Management die wichtigsten Erkenntnisse schnell erfassen konnte. Mit Microsoft 365 Copilot wird diese Herausforderung erheblich vereinfacht.

Copilot revolutioniert die Art und Weise, wie wir Daten visualisieren. Statt mühsam Diagramme manuell zu erstellen und anzupassen, können Sie die KI direkt anweisen, aussagekräftige Grafiken zu generieren, die Ihre Erkenntnisse klar und prägnant kommunizieren. Ein Finanzanalyst beschrieb mir begeistert: "Ich kann jetzt einfach sagen: 'Erstelle ein Diagramm, das den Umsatztrend der letzten sechs Monate zeigt und die drei stärksten Regionen hervorhebt.' Copilot liefert in Sekunden eine visuelle Darstellung, die ich direkt verwenden kann."

Die Bedeutung von Visualisierungen liegt nicht nur in ihrer Ästhetik, sondern in ihrer Fähigkeit, komplexe Zusammenhänge verständlich zu machen. Diagramme und Grafiken helfen dabei, Muster zu erkennen, Trends zu verdeutlichen und Entscheidungen zu beschleunigen. Ein Marketingmanager erklärte mir: "Unsere Kampagnenergebnisse waren früher schwer zu interpretieren. Jetzt kann ich Copilot bitten, die Conversion-Raten nach Kanaltypen in einem Vergleichsdiagramm darzustellen – das macht die Ergebnisse sofort greifbar."

Die Herausforderungen bei der manuellen Erstellung von Visualisierungen umfassen:

- **Zeitaufwand**: Das manuelle Erstellen und Anpassen von Diagrammen kostet oft Stunden.
- **Fehleranfälligkeit**: Falsche Achsenbeschriftungen oder ungenaue Daten können die Aussagekraft beeinträchtigen.
- **Komplexität**: Die Auswahl des passenden Diagrammtyps für komplexe Daten ist oft schwierig.
- **Kommunikationsprobleme**: Unklare oder überladene Visualisierungen führen zu Missverständnissen.

Copilot adressiert diese Herausforderungen durch eine intuitive und effiziente Visualisierungsfunktion. Sie können die KI direkt anweisen, den besten Diagrammtyp für Ihre Daten vorzuschlagen oder spezifische Anpassungen vorzunehmen. Ein Controller formulierte seinen Prompt so: "Welche Diagrammtypen eignen sich am besten, um unsere Kostenentwicklung nach Abteilungen im Vergleich zum Vorjahr darzustellen? Erstelle eine Vorschau für zwei Alternativen." Copilot lieferte eine klare Empfehlung mit Beispieldiagrammen.

Die verschiedenen Visualisierungstypen, die Copilot unterstützen kann, umfassen:

- **Zeitreihen-Diagramme**: Für Trends über Zeiträume hinweg
- **Vergleichsdiagramme**: Balken- oder Säulendiagramme für Gegenüberstellungen
- **Kreisdiagramme**: Für prozentuale Verteilungen
- **Streudiagramme**: Für Korrelationen zwischen Variablen

- **Heatmaps**: Für räumliche oder kategorische Muster
- **Dashboard-Elemente**: Interaktive Übersichten mit mehreren Kennzahlen

Ein Finanzteam nutzte Copilot erfolgreich, um ein Dashboard für ihre Quartalsberichte zu erstellen. Der Prompt lautete: "Erstelle ein interaktives Dashboard mit den wichtigsten KPIs aus Tabelle 'Q1-Bericht', einschließlich Umsatzwachstum, Gewinnmargen und Kundenzufriedenheit. Nutze geeignete Diagrammtypen für jede Kennzahl und füge Filteroptionen hinzu." Das Ergebnis war ein übersichtliches Dashboard, das sowohl detaillierte als auch aggregierte Ansichten ermöglichte.

Die Anpassung von Visualisierungen per Spracheingabe macht Copilot besonders wertvoll. Statt mühsam durch Menüs zu navigieren, können Sie einfach sagen: "Ändere die Farben des Diagramms so, dass positive Werte grün und negative Werte rot dargestellt werden." Diese Funktion spart nicht nur Zeit, sondern erhöht auch die Präzision Ihrer Kommunikation.

Die Integration von Kontext in Ihre Visualisierungen verbessert deren Aussagekraft erheblich. Ein Marketinganalyst formulierte seinen Prompt so: "Erstelle ein Diagramm der Conversion-Raten nach Zielgruppen für unsere Kampagnen im letzten Quartal. Markiere Kampagnen mit einem ROI über 200% und füge eine kurze Erklärung hinzu." Diese Kombination aus visueller Darstellung und textueller Interpretation half dem Team, klare Handlungsempfehlungen abzuleiten.

Die automatische Aktualisierung von Visualisierungen bei neuen Daten ist ein weiterer Vorteil von Copilot. Ein Vertriebsleiter nutzte folgenden Prompt: "Aktualisiere das Umsatzdiagramm mit den neuesten Zahlen aus Tabelle 'April-Daten' und füge eine Trendlinie hinzu." Diese Funktion stellt sicher, dass Ihre Berichte stets aktuell sind.

Die Fähigkeit von Copilot, komplexe Daten in verständliche Visualisierungen umzuwandeln, fördert nicht nur die Effizienz Ihrer Analysen, sondern auch deren Wirkung auf Entscheidungsträger. Ein CFO fasste dies treffend zusammen: "Copilot hilft uns nicht nur dabei zu verstehen, was unsere Zahlen sagen – es hilft uns auch dabei zu kommunizieren, warum sie wichtig sind."

4.1 Aussagekräftige Diagramme und Grafiken erstellen lassen

4.1.1 Den passenden Diagrammtyp für Ihre Daten automatisch von Copilot vorschlagen lassen

Die Wahl des richtigen Diagrammtyps ist entscheidend, um Ihre Daten effektiv zu kommunizieren. In meiner Beratungspraxis erlebe ich häufig, wie Fachkräfte stundenlang versuchen, den idealen Diagrammtyp für ihre Analysen zu finden, nur um am Ende mit einer Darstellung zu arbeiten, die entweder überladen oder nicht aussagekräftig genug ist. Ein Controller eines mittelständischen Unternehmens berichtete mir, dass er regelmäßig mehrere Versionen eines Berichts erstellen musste, weil die Visualisierungen nicht die gewünschte Klarheit boten. Mit Copilot wird dieser Prozess erheblich vereinfacht.

Copilot kann automatisch den besten Diagrammtyp für Ihre Daten vorschlagen, basierend auf deren Struktur und den Analysezielen. Diese Funktion spart nicht nur Zeit, sondern stellt sicher, dass Ihre Visualisierungen die wesentlichen Informationen klar und präzise vermitteln. Ein Finanzanalyst formulierte seinen Prompt so: "Welcher Diagrammtyp eignet sich am besten, um die Umsatzentwicklung der letzten sechs Monate nach Regionen darzustellen? Erstelle eine Vorschau." Copilot empfahl ein gestapeltes Säulendiagramm und lieferte direkt eine erste Version zur Bewertung.

Die Vorteile der automatischen Diagrammvorschläge durch Copilot umfassen:

- **Zeitersparnis**: Keine langwierige Suche nach dem passenden Diagrammtyp
- **Relevanz**: Vorschläge basieren auf den Eigenschaften Ihrer Daten und Ihrem Analyseziel

- **Qualität**: Sicherstellung einer professionellen und klaren Darstellung
- **Flexibilität**: Möglichkeit, mehrere Alternativen zu testen und anzupassen

Die verschiedenen Diagrammtypen, die Copilot vorschlagen kann, umfassen:

- **Säulen- und Balkendiagramme**: Ideal für Vergleiche zwischen Kategorien oder Zeiträumen
- **Liniendiagramme**: Hervorragend geeignet für Zeitreihenanalysen und Trends
- **Kreisdiagramme**: Für prozentuale Verteilungen oder Anteile
- **Streudiagramme**: Zum Aufzeigen von Korrelationen zwischen zwei Variablen
- **Heatmaps**: Für räumliche oder kategorische Muster
- **Wasserfalldiagramme**: Zur Darstellung kumulativer Effekte oder Veränderungen

Ein Controller nutzte Copilot erfolgreich, um die Kostenentwicklung seines Unternehmens grafisch darzustellen. Sein Prompt lautete: "Welche Diagrammtypen eignen sich am besten, um die Kostenentwicklung nach Abteilungen im Vergleich zum Vorjahr darzustellen? Zeige mir zwei Alternativen." Copilot empfahl ein Wasserfalldiagramm zur Darstellung der kumulativen Veränderungen sowie ein gruppiertes Säulendiagramm für den direkten Vergleich.

Die Auswahl des passenden Diagramms hängt von mehreren Faktoren ab:

1. **Datenstruktur**: Sind Ihre Daten zeitbasiert, kategorisch oder numerisch?
2. **Analyseziel**: Möchten Sie Trends zeigen, Vergleiche anstellen oder Anteile darstellen?

3. **Zielgruppe**: Ist die Darstellung für Experten oder Nicht-Experten gedacht?
4. **Komplexität**: Soll das Diagramm einfach und intuitiv oder detailliert und tiefgehend sein?

Ein Marketingmanager formulierte seinen Prompt so: "Analysiere die Conversion-Raten unserer Kampagnen nach Kanaltyp und Zielgruppe. Welcher Diagrammtyp eignet sich am besten, um die Ergebnisse übersichtlich darzustellen?" Copilot schlug ein gruppiertes Balkendiagramm vor, das sowohl Kanaltypen als auch Zielgruppen nebeneinander darstellte.

Die Fähigkeit von Copilot, mehrere Alternativen vorzuschlagen, erhöht Ihre Flexibilität bei der Visualisierung. Bitten Sie die KI explizit um Vergleichsmöglichkeiten: "Zeige mir drei verschiedene Diagrammtypen zur Darstellung der Umsatzentwicklung nach Produktkategorien im letzten Quartal." Diese Funktion hilft Ihnen, den besten Ansatz für Ihre spezifischen Anforderungen zu finden.

Die automatische Vorschlagsfunktion von Copilot berücksichtigt auch Best Practices für die Datenvisualisierung. Ein Finanzanalyst fragte: "Empfiehl einen Diagrammtyp für meine Verkaufsdaten aus Tabelle 'Q1-Bericht', der sowohl Trends als auch saisonale Muster klar zeigt." Copilot schlug ein Liniendiagramm mit hervorgehobenen saisonalen Spitzen vor und erklärte kurz, warum dieser Typ besonders geeignet ist.

Die Anpassung der vorgeschlagenen Diagramme ist ein weiterer Vorteil von Copilot. Nachdem Sie einen Vorschlag erhalten haben, können Sie spezifische Änderungen anfordern: "Ändere das Säulendiagramm so, dass positive Werte grün und negative Werte rot dargestellt werden." Diese Flexibilität ermöglicht es Ihnen, Ihre Visualisierungen genau auf Ihre Bedürfnisse zuzuschneiden.

Die Kombination mehrerer Diagrammtypen in einer Präsentation erhöht deren Aussagekraft erheblich. Ein Vertriebsleiter nutzte folgenden Prompt mit großem Erfolg: "Erstelle eine kombinierte

Visualisierung aus Liniendiagrammen für Umsatztrends und Kreisdiagrammen für Marktanteile nach Regionen." Die resultierende Darstellung half ihm, sowohl langfristige Entwicklungen als auch aktuelle Marktanteile klar zu kommunizieren.

Die Integration von Kontext in Ihre Visualisierungen verbessert deren Relevanz erheblich. Ein Controller formulierte seinen Prompt so: "Erstelle ein Diagramm der Kostenentwicklung nach Abteilungen im Vergleich zum Vorjahr und füge eine kurze Erklärung hinzu, warum bestimmte Abteilungen signifikante Abweichungen zeigen." Diese Kombination aus visueller Darstellung und textueller Interpretation erleichtert die Kommunikation komplexer Zusammenhänge.

Die Fähigkeit von Copilot, Vorschläge basierend auf Ihrem Zielpublikum zu optimieren, ist besonders wertvoll. Ein Marketinganalyst fragte: "Welcher Diagrammtyp eignet sich am besten für eine Präsentation vor Nicht-Experten? Zeige mir eine Option mit klarer Beschriftung und minimaler Komplexität." Copilot empfahl ein einfaches Kreisdiagramm mit hervorgehobenen Hauptanteilen.

Die automatische Aktualisierung von Diagrammen bei neuen Daten ist ein weiterer Vorteil von Copilot. Bitten Sie die KI explizit um Aktualisierungsmöglichkeiten: "Aktualisiere das Umsatzdiagramm mit den neuesten Zahlen aus Tabelle 'April-Daten' und füge eine Trendlinie hinzu." Diese Funktion stellt sicher, dass Ihre Berichte stets aktuell sind.

Die Dokumentation Ihrer Visualisierungsentscheidungen durch Copilot erleichtert die Nachvollziehbarkeit Ihrer Analyseprozesse. Bitten Sie die KI um eine kurze Erklärung ihrer Vorschläge: "Erkläre mir kurz, warum du diesen Diagrammtyp empfohlen hast und welche Alternativen möglich wären." Diese Transparenz hilft Ihnen nicht nur bei der Auswahl des besten Diagramms, sondern auch bei der Kommunikation Ihrer Entscheidungen an Kollegen oder Vorgesetzte.

Die Fähigkeit von Copilot, komplexe Daten in verständliche Visualisierungen umzuwandeln, fördert nicht nur die Effizienz Ihrer Analysen, sondern auch deren Wirkung auf Entscheidungsträger. Ein CFO fasste dies treffend zusammen: "Copilot hilft uns nicht nur dabei zu verstehen, was unsere Zahlen sagen – es hilft uns auch dabei zu kommunizieren, warum sie wichtig sind."

4.1.2 DIAGRAMME PER SPRACHEINGABE ANPASSEN UND FORMATIEREN FÜR MAXIMALE WIRKUNG

Die Anpassung und Formatierung von Diagrammen ist oft ein mühsamer Prozess, der viel Zeit und Geduld erfordert. In meiner Beratungspraxis treffe ich regelmäßig auf Fachkräfte, die sich durch unzählige Menüs und Optionen kämpfen, um ihre Visualisierungen zu perfektionieren. Ein Controller eines großen Handelsunternehmens berichtete mir, dass er für die Anpassung eines einzigen Berichtsdiagramms manchmal bis zu zwei Stunden benötigte, da er sicherstellen wollte, dass die Darstellung sowohl klar als auch visuell ansprechend ist. Mit Copilot können Sie diesen Aufwand drastisch reduzieren und Ihre Diagramme direkt per Spracheingabe optimieren.

Copilot bietet Ihnen die Möglichkeit, Diagramme schnell und präzise anzupassen, indem Sie Ihre Anforderungen in natürlicher Sprache formulieren. Diese Funktion ermöglicht es Ihnen, Änderungen vorzunehmen, ohne sich durch komplexe Menüs navigieren zu müssen. Ein Finanzanalyst nutzte diese Fähigkeit erfolgreich mit folgendem Prompt: "Ändere die Farben des Umsatzdiagramms so, dass positive Werte grün und negative Werte rot dargestellt werden. Füge außerdem eine Trendlinie hinzu."

Innerhalb weniger Sekunden lieferte Copilot ein aktualisiertes Diagramm mit den gewünschten Anpassungen.

Die typischen Anpassungsmöglichkeiten für Diagramme mit Copilot umfassen:

- **Farbschemata**: Änderung der Farben für spezifische Werte oder Kategorien
- **Beschriftungen**: Anpassung von Achsentiteln, Datenbeschriftungen oder Legenden
- **Hervorhebungen**: Markierung wichtiger Punkte oder Ausreißer
- **Diagrammtypen**: Umwandlung eines Diagramms in einen anderen Typ (z.B. von Säulen- zu Liniendiagrammen)
- **Zusätzliche Elemente**: Hinzufügen von Trendlinien, Durchschnittswerten oder Zielmarken
- **Formatierung**: Anpassung von Schriftarten, Größen und Layouts

Ein Marketingmanager formulierte seinen Prompt so: "Passe das Kreisdiagramm an, indem du die Kategorien mit den höchsten Anteilen hervorhebst und ihre Beschriftungen fett darstellst. Ändere die Farben der Segmente in Blau- und Grüntöne." Das Ergebnis war eine visuell ansprechende Darstellung, die die wichtigsten Informationen klar hervorhob.

Die Fähigkeit von Copilot, komplexe Formatierungsanfragen umzusetzen, spart nicht nur Zeit, sondern erhöht auch die Präzision Ihrer Präsentationen. Statt sich auf Standardvorlagen zu verlassen, können Sie Ihre Diagramme individuell gestalten, um Ihre Botschaften optimal zu kommunizieren. Ein Controller nutzte folgenden Prompt: "Füge dem Säulendiagramm eine zweite Achse hinzu, um sowohl Umsatz als auch Gewinn darzustellen. Stelle den Umsatz als Säulen und den Gewinn als Linie dar." Diese Kombination half ihm, zwei wichtige Kennzahlen gleichzeitig zu präsentieren.

Die iterative Anpassung Ihrer Diagramme per Spracheingabe ermöglicht es Ihnen, schrittweise Verbesserungen vorzunehmen. Nach einer ersten Änderung können Sie gezielt nachbessern: "Verkleinere die Schriftgröße der Achsentitel und füge eine Erläuterung unterhalb des Diagramms hinzu." Diese Flexibilität macht Copilot besonders wertvoll für Präsentationen oder Berichte, bei denen Präzision entscheidend ist.

Die Integration von Kontext in Ihre Formatierungsanfragen verbessert die Aussagekraft Ihrer Diagramme erheblich. Ein Finanzanalyst formulierte seinen Prompt so: "Passe das Umsatzdiagramm an, indem du die Werte für das Weihnachtsgeschäft besonders hervorhebst und mit einer kurzen Erklärung versiehst." Diese Kombination aus visueller Hervorhebung und textueller Ergänzung half dem Team, wichtige saisonale Muster klar zu erkennen.

Die automatische Optimierung Ihrer Diagramme durch Copilot stellt sicher, dass Ihre Visualisierungen stets professionell wirken. Bitten Sie die KI explizit um Vorschläge zur Verbesserung: "Welche Änderungen würdest du empfehlen, um dieses Diagramm klarer und ansprechender zu gestalten?" Copilot kann dann Vorschläge machen wie das Hinzufügen einer Legende oder das Vereinfachen überladener Beschriftungen.

Die Fähigkeit von Copilot, mehrere Formatierungsanfragen gleichzeitig umzusetzen, erhöht Ihre Effizienz erheblich. Ein Vertriebsleiter nutzte folgenden Prompt mit großem Erfolg: "Füge dem Balkendiagramm eine Durchschnittslinie hinzu, ändere die Farben der Balken basierend auf ihrer Höhe und füge Datenbeschriftungen oberhalb jedes Balkens hinzu." Das Ergebnis war eine präzise und visuell ansprechende Darstellung.

Die Kombination verschiedener Diagrammtypen innerhalb einer Präsentation erhöht deren Aussagekraft erheblich. Ein Marketinganalyst formulierte seinen Prompt so: "Erstelle eine kombinierte Visualisierung aus einem Liniendiagramm für

Umsatztrends und einem Kreisdiagramm für Marktanteile nach Regionen." Diese Darstellung half ihm, sowohl langfristige Entwicklungen als auch aktuelle Marktanteile klar zu kommunizieren.

Die Fähigkeit von Copilot, Ihre Formatierungsentscheidungen zu dokumentieren, erleichtert die Nachvollziehbarkeit Ihrer Arbeit erheblich. Bitten Sie die KI um eine kurze Erklärung ihrer Änderungen: "Dokumentiere alle vorgenommenen Anpassungen an diesem Diagramm und erkläre kurz deren Zweck." Diese Transparenz hilft Ihnen nicht nur bei der internen Kommunikation Ihrer Entscheidungen, sondern auch bei der Weitergabe an Kollegen oder Vorgesetzte.

Die automatische Aktualisierung Ihrer Diagramme bei neuen Daten ist ein weiterer Vorteil von Copilot. Bitten Sie die KI explizit um Aktualisierungsmöglichkeiten: "Aktualisiere das Umsatzdiagramm mit den neuesten Zahlen aus Tabelle 'April-Daten' und ändere die Farben entsprechend den neuen Werten." Diese Funktion stellt sicher, dass Ihre Berichte stets aktuell sind.

Die Fähigkeit von Copilot, komplexe Daten in verständliche Visualisierungen umzuwandeln und diese präzise anzupassen, fördert nicht nur die Effizienz Ihrer Analysen, sondern auch deren Wirkung auf Entscheidungsträger. Ein CFO fasste dies treffend zusammen: "Copilot hilft uns nicht nur dabei zu verstehen, was unsere Zahlen sagen – es hilft uns auch dabei zu kommunizieren, warum sie wichtig sind."

4.2 Dynamische Dashboards und Berichte generieren

4.2.1 Wichtige Kennzahlen und Analysen in interaktiven Übersichten zusammenführen

Die Erstellung dynamischer Dashboards und Berichte ist ein entscheidender Schritt, um komplexe Daten in übersichtlichen und interaktiven Formaten zu präsentieren. In meiner Beratungspraxis habe ich immer wieder festgestellt, dass selbst erfahrene Analysten Schwierigkeiten haben, ihre Erkenntnisse so aufzubereiten, dass sie sowohl detailliert als auch leicht verständlich sind. Ein Controller eines mittelständischen Unternehmens berichtete mir, dass er regelmäßig mehrere Stunden damit verbringt, Berichte zu erstellen, die den Anforderungen verschiedener Stakeholder gerecht werden. Mit Copilot können Sie diesen Prozess erheblich vereinfachen und gleichzeitig die Qualität Ihrer Berichte steigern.

Copilot bietet die Möglichkeit, wichtige Kennzahlen und Analysen automatisch in interaktiven Dashboards zusammenzuführen. Diese Dashboards sind nicht nur visuell ansprechend, sondern auch flexibel genug, um verschiedene Perspektiven auf Ihre Daten zu ermöglichen. Ein Finanzanalyst formulierte seinen Prompt so: "Erstelle ein Dashboard mit den wichtigsten KPIs aus Tabelle 'Monatsbericht', einschließlich Umsatzwachstum, Gewinnmargen und Kundenzufriedenheit. Füge Filteroptionen hinzu, um die Daten nach Regionen und Produktkategorien zu segmentieren." Innerhalb weniger Minuten lieferte Copilot ein vollständig funktionales Dashboard.

Die Vorteile dynamischer Dashboards durch Copilot umfassen:

- **Zeitersparnis**: Automatische Zusammenführung und Visualisierung Ihrer Daten
- **Flexibilität**: Möglichkeit, verschiedene Perspektiven und Filteroptionen einzubauen

- **Interaktivität**: Nutzer können die Darstellung an ihre spezifischen Bedürfnisse anpassen
- **Klarheit**: Übersichtlich strukturierte Darstellung komplexer Zusammenhänge

Die typischen Elemente eines Copilot-generierten Dashboards umfassen:

- **KPIs**: Darstellung der wichtigsten Kennzahlen wie Umsatz, Gewinn oder Conversion-Raten
- **Filteroptionen**: Möglichkeit, die Daten nach Zeiträumen, Regionen oder Kategorien zu segmentieren
- **Diagramme**: Kombination verschiedener Diagrammtypen für eine ganzheitliche Ansicht
- **Trendlinien**: Visualisierung langfristiger Entwicklungen
- **Hervorhebungen**: Markierung von Ausreißern oder besonders relevanten Datenpunkten

Ein Controller nutzte Copilot erfolgreich, um ein Dashboard für seine Quartalsberichte zu erstellen. Sein Prompt lautete: "Fasse die wichtigsten Kennzahlen aus Tabelle 'Q1-Bericht' in einem interaktiven Dashboard zusammen. Nutze geeignete Diagrammtypen für Umsatzwachstum, Kostenentwicklung und Kundenzufriedenheit. Füge Filteroptionen für Regionen und Abteilungen hinzu." Das Ergebnis war ein übersichtliches Dashboard, das sowohl detaillierte als auch aggregierte Ansichten ermöglichte.

Die Erstellung eines dynamischen Dashboards mit Copilot folgt einem strukturierten Prozess:

1. **Datenanalyse**: Identifizieren Sie die wichtigsten Kennzahlen und Analysen für Ihr Dashboard.
2. **Strukturdefinition**: Legen Sie fest, welche Elemente (KPIs, Diagramme, Filter) enthalten sein sollen.
3. **Prompt-Formulierung**: Beschreiben Sie Ihre Anforderungen präzise in natürlicher Sprache.

4. **Erstellung durch Copilot**: Lassen Sie die KI das Dashboard generieren.
5. **Anpassung**: Optimieren Sie das Dashboard basierend auf Ihrem Feedback.
6. **Validierung**: Überprüfen Sie die Ergebnisse auf Genauigkeit und Relevanz.

Ein Finanzteam nutzte diesen Ansatz erfolgreich mit folgendem Prompt: "Erstelle ein Dashboard mit den wichtigsten KPIs aus Tabelle 'Finanzdaten', einschließlich EBITDA, Cashflow und Kostenentwicklung. Nutze Säulendiagramme für Vergleiche zwischen Abteilungen und Liniendiagramme für Trends über Zeiträume hinweg."

Die Interaktivität von Copilot-Dashboards ermöglicht es Ihnen, verschiedene Perspektiven auf Ihre Daten einzunehmen. Bitten Sie die KI explizit um Filteroptionen: "Füge dem Dashboard Filter hinzu, um die Daten nach Regionen, Produktkategorien und Zeiträumen zu segmentieren." Diese Funktion stellt sicher, dass Ihre Berichte flexibel genug sind, um unterschiedliche Anforderungen zu erfüllen.

Die Kombination mehrerer Diagrammtypen innerhalb eines Dashboards erhöht dessen Aussagekraft erheblich. Ein Vertriebsleiter formulierte seinen Prompt so: "Erstelle ein Dashboard mit einem Liniendiagramm für Umsatztrends, einem Kreisdiagramm für Marktanteile nach Regionen und einem gestapelten Säulendiagramm für Kostenentwicklung nach Abteilungen." Das Ergebnis war eine ganzheitliche Darstellung der wichtigsten Geschäftszahlen.

Die Integration von Kontext in Ihre Dashboards verbessert deren Relevanz erheblich. Ein Marketinganalyst formulierte seinen Prompt so: "Erstelle ein Dashboard der Conversion-Raten nach Zielgruppen für unsere Kampagnen im letzten Quartal. Markiere Kampagnen mit einem ROI über 200% und füge eine kurze Erklärung hinzu." Diese Kombination aus visueller Darstellung und textueller Interpretation half dem Team, klare Handlungsempfehlungen abzuleiten.

Die automatische Aktualisierung von Dashboards bei neuen Daten ist ein weiterer Vorteil von Copilot. Bitten Sie die KI explizit um Aktualisierungsmöglichkeiten: "Aktualisiere das Dashboard mit den neuesten Zahlen aus Tabelle 'April-Daten' und füge eine Trendlinie hinzu." Diese Funktion stellt sicher, dass Ihre Berichte stets aktuell sind.

Die Fähigkeit von Copilot, komplexe Daten in dynamische Dashboards umzuwandeln und diese interaktiv zu gestalten, fördert nicht nur die Effizienz Ihrer Analysen, sondern auch deren Wirkung auf Entscheidungsträger. Ein CFO fasste dies treffend zusammen: "Copilot hilft uns nicht nur dabei zu verstehen, was unsere Zahlen sagen – es hilft uns auch dabei zu kommunizieren, warum sie wichtig sind."

4.2.2 BERICHTE MIT COPILOT SCHNELL AKTUALISIEREN UND AN VERSCHIEDENE ZIELGRUPPEN ANPASSEN

Die Aktualität von Berichten stellt einen entscheidenden Erfolgsfaktor in der modernen Geschäftswelt dar. In meiner Beratungspraxis erlebe ich regelmäßig, wie Fachkräfte stundenlang damit beschäftigt sind, ihre Berichte mit neuen Daten zu aktualisieren oder für unterschiedliche Zielgruppen anzupassen. Ein Finanzcontroller eines mittelständischen Unternehmens beschrieb mir seine wöchentliche Frustration: "Ich verbringe jeden Freitag mindestens vier Stunden damit, die gleichen Berichte für verschiedene Abteilungsleiter neu aufzubereiten." Mit Copilot können Sie diesen Prozess revolutionieren und wertvolle Zeit für strategische Aufgaben zurückgewinnen.

Die schnelle Aktualisierung bestehender Berichte zählt zu den herausragenden Stärken von Copilot. Anstatt mühsam Zellbezüge anzupassen, Formeln zu aktualisieren und Diagramme neu zu formatieren, können Sie die KI anweisen, diese Aufgaben automatisch zu erledigen. Ein effektiver Prompt könnte lauten: "Aktualisiere den Vertriebsbericht auf Tabellenblatt 'Q1-Report' mit den neuen Daten aus Tabellenblatt 'April-Daten'. Behalte das bestehende Format bei und aktualisiere alle Diagramme und KPIs entsprechend." Innerhalb weniger Sekunden erledigt Copilot eine Aufgabe, die manuell viele Minuten oder sogar Stunden in Anspruch nehmen würde.

Die Anpassung von Berichten an verschiedene Zielgruppen erfordert normalerweise ein tiefes Verständnis unterschiedlicher Informationsbedürfnisse und viel manuelle Nacharbeit. Mit Copilot können Sie diesen Prozess drastisch vereinfachen. Ein Marketingmanager nutzte folgenden Prompt mit großem Erfolg: "Erstelle aus dem detaillierten Kampagnenbericht eine 3-seitige Zusammenfassung für die Geschäftsführung. Fokussiere auf die wichtigsten ROI-Kennzahlen und strategischen Erkenntnisse, weniger auf technische Details. Visualisiere die Hauptergebnisse in maximal drei prägnanten Diagrammen." Das Ergebnis war ein maßgeschneiderter Executive Summary, der die Kernbotschaften klar kommunizierte.

Die typischen Zielgruppen für Berichtsanpassungen lassen sich in mehrere Kategorien einteilen:

- **Geschäftsführung/Vorstand**: Benötigt kompakte Übersichten, strategische Kennzahlen und klare Handlungsempfehlungen
- **Fachabteilungsleiter**: Interessiert an detaillierteren Einblicken in ihren spezifischen Verantwortungsbereich
- **Operative Teams**: Brauchen detaillierte, handlungsorientierte Daten für ihre tägliche Arbeit
- **Externe Stakeholder**: Kunden oder Partner, die spezifische Informationen ohne interne Details benötigen
- **Technische Experten**: Wünschen tiefergehende Analysen mit methodischen Erläuterungen

Ein Controller eines Pharmaunternehmens beschrieb seinen revolutionierten Workflow: "Früher erstellte ich fünf verschiedene Versionen unseres Monatsberichts. Heute pflege ich einen Masterbericht und lasse Copilot die zielgruppenspezifischen Varianten automatisch generieren."

Die Kommunikation komplexer Analysen an nicht-technische Zielgruppen stellt eine besondere Herausforderung dar. Hier glänzt Copilot mit seiner Fähigkeit, Fachsprache in verständliche Erklärungen zu übersetzen. Ein effektiver Prompt lautet: "Vereinfache die statistische Analyse auf Tabellenblatt 'Regression' für ein nicht-technisches Publikum. Erkläre die wichtigsten Erkenntnisse in einfacher Sprache und visualisiere die Hauptaussagen intuitiv verständlich." Die KI reduziert komplexe statistische Konzepte auf ihre praktischen Implikationen, ohne die wissenschaftliche Genauigkeit zu opfern.

Die Integration neuer Datenquellen in bestehende Berichte erfolgt mit Copilot nahtlos. Ein Vertriebsleiter formulierte folgenden Prompt: "Integriere die Kundenzufriedenheitsdaten aus Tabellenblatt 'NPS-Survey' in den bestehenden Vertriebsbericht. Ergänze ein Abschnitt, der den Zusammenhang zwischen Kundenzufriedenheit und Kaufverhalten analysiert." Die KI führte nicht nur die technische Integration durch, sondern ergänzte auch eine inhaltliche Analyse der neuen Daten im Kontext des Gesamtberichts.

Die kontextbezogene Anreicherung von Berichten verleiht Ihren Daten zusätzliche Bedeutung. Bitten Sie Copilot um relevante Kontextinformationen: "Ergänze den Quartalsbericht um aktuelle Markttrends und externe Faktoren, die unsere Leistung beeinflusst haben könnten. Beziehe die Daten aus Tabellenblatt 'Marktdaten' ein und stelle relevante Zusammenhänge her." Diese Kontextualisierung hilft Entscheidungsträgern, Ihre Daten im größeren Zusammenhang zu interpretieren.

Die Schaffung konsistenter Berichtsstrukturen bei gleichzeitiger Anpassung an verschiedene Zielgruppen ist eine Kunst, die Copilot meisterhaft beherrscht. Ein Finanzanalyst nutzte diesen Ansatz: "Erstelle drei Versionen des Finanzberichts: eine detaillierte Version für das Controlling (10 Seiten), eine Management-Version für die Geschäftsführung (5 Seiten) und eine Kurzversion für die Abteilungsleiter (3 Seiten). Behalte die gleiche Struktur und visuellen Stil bei, aber passe den Detailgrad und den Fokus entsprechend an." Das Ergebnis war eine Familie von Berichten mit einheitlichem Erscheinungsbild, aber maßgeschneidertem Inhalt.

Die Automatisierung wiederkehrender Berichtsaktualisierungen setzt wertvolle Ressourcen frei. Ein Marketingteam definierte mit meiner Unterstützung eine Bibliothek von Standardprompts für ihre monatlichen Updates: "Aktualisiere den Kampagnenbericht mit den Daten des aktuellen Monats aus Tabelle 'Monatsdaten'. Aktualisiere alle Diagramme, KPIs und Trendanalysen. Hebe signifikante Veränderungen zum Vormonat hervor und füge eine kurze Interpretation der Haupttrends hinzu." Diese Promptvorlage konnte monatlich mit minimalen Anpassungen wiederverwendet werden, was die Konsistenz verbesserte und den Zeitaufwand drastisch reduzierte.

Die Einbindung von Stakeholder-Feedback in Ihre Berichtsoptimierung führt zu kontinuierlichen Verbesserungen. Ein Controller berichtete: "Nach jeder Vorstandspräsentation sammle ich Feedback zur Berichtsstruktur und nutze dieses, um meinen Copilot-Prompt zu verfeinern. So werden meine Berichte mit jedem Zyklus besser auf die Bedürfnisse der Geschäftsführung zugeschnitten."

Die sprachliche und kulturelle Anpassung von Berichten für internationale Zielgruppen stellt eine weitere Stärke von Copilot dar. Ein Vertriebsleiter eines global agierenden Unternehmens formulierte diesen Prompt: "Erstelle eine englische Version des deutschen Vertriebsberichts für unsere internationalen Kollegen. Passe Datumsformate, Währungsangaben und Maßeinheiten entsprechend an und berücksichtige kulturelle Unterschiede in der Datenpräsentation." Diese automatisierte Lokalisierung sparte dem Team wertvolle Zeit und minimierte Missverständnisse.

Die Qualitätssicherung aktualisierter Berichte bleibt ein wichtiger Schritt. Ich empfehle, Copilot explizit um eine Validierung zu bitten: "Überprüfe den aktualisierten Bericht auf Konsistenz, fehlende Werte oder ungewöhnliche Abweichungen. Erstelle eine kurze Zusammenfassung der vorgenommenen Änderungen und hebe potenzielle Probleme hervor." Diese Vorsichtsmaßnahme hat bei mehreren meiner Kunden kritische Fehler verhindert.

Die Erstellung narrativer Berichtselemente ergänzt Ihre Daten um wertvolle Kontext- und Interpretationshilfen. Ein Finanzcontroller nutzte folgenden Prompt: "Füge dem Quartalsbericht kurze erklärende Textabschnitte hinzu, die die Haupttrends erläutern und mögliche Ursachen für signifikante Abweichungen diskutieren. Behalte einen sachlichen, aber verständlichen Ton bei." Diese narrativen Elemente halfen den Lesern, die Bedeutung der Zahlen besser zu verstehen.

Die Fähigkeit von Copilot, Berichte schnell zu aktualisieren und zielgruppengerecht anzupassen, verändert fundamental, wie wir mit Geschäftsdaten arbeiten. Ein CFO fasste es treffend zusammen: "Früher warteten unsere Manager Tage auf aktualisierte Berichte. Heute erhalten sie maßgeschneiderte Updates innerhalb von Minuten." Diese Effizienzsteigerung führt nicht nur zu Zeitersparnissen, sondern auch zu einer informierteren und agileren Entscheidungskultur.

5. Entscheidungsfindung beschleunigen: Analysen in Handlungen umsetzen

Datenanalyse ohne resultierende Handlungen gleicht einem leistungsstarken Motor ohne Antriebswelle. In meiner langjährigen Beratungspraxis erlebe ich regelmäßig, wie Unternehmen an einer Flut von Daten und Analysen regelrecht ersticken, ohne dass daraus konkrete Entscheidungen erwachsen. Die besten Erkenntnisse bleiben wertlos, wenn sie nicht in Handlungen münden. Mit Microsoft 365 Copilot durchbrechen Sie diesen Kreislauf und transformieren Ihre Analysen in rasche, fundierte Entscheidungen.

Der Weg von der Datenanalyse zur Entscheidungsfindung war traditionell lang und steinig. Ein Finanzcontroller eines mittelständischen Unternehmens schilderte mir kürzlich seine Frustration: "Unsere Analysen sind umfangreich und detailliert, doch bis wir alle Szenarien durchgerechnet und ausgewertet haben, ist die Gelegenheit zum Handeln oft verstrichen." Diese zeitliche Lücke zwischen Erkenntnis und Aktion kostet Unternehmen Geld, Marktanteile und Innovationskraft.

Copilot revolutioniert diesen Prozess durch die beispiellose Geschwindigkeit, mit der es komplexe Szenarien modellieren und vergleichen kann. Sie können innerhalb von Minuten verschiedene Geschäftsmodelle durchspielen, statt Tage damit zu verbringen, manuelle Berechnungen anzustellen. Ein Marketingleiter berichtete mir begeistert: "Früher habe ich eine Woche gebraucht, um verschiedene Budgetverteilungen zu simulieren. Mit Copilot teste ich jetzt fünf verschiedene Szenarien in einer Stunde und kann sofort entscheiden, welche Strategie wir verfolgen."

Die Simulation verschiedener Handlungsoptionen bildet das Herzstück strategischer Entscheidungen. Mit Copilot können Sie spielend leicht erkunden, wie sich Veränderungen einzelner Variablen auf Ihr Gesamtergebnis auswirken. Stellen Sie sich vor, Sie wollen die Auswirkungen einer Preiserhöhung um 5%, 10% oder 15% auf Umsatz und Gewinn simulieren, während Sie gleichzeitig verschiedene Annahmen über Nachfrageelastizität berücksichtigen. Ohne KI-Unterstützung wäre dies ein aufwendiges Unterfangen mit vielen manuellen Berechnungen und Formeln. Mit Copilot formulieren Sie einfach: "Erstelle eine Szenarioanalyse für Preiserhöhungen von 5%, 10% und 15% unter Berücksichtigung einer Nachfrageelastizität von -0,8, -1,2 und -1,5. Zeige Auswirkungen auf Umsatz, Deckungsbeitrag und Gesamtgewinn."

Die Schnelligkeit der Entscheidungsfindung gibt Ihnen einen strategischen Vorteil gegenüber Wettbewerbern. Ein Vertriebsleiter eines E-Commerce-Unternehmens teilte mir mit: "Während unsere Mitbewerber noch Daten sammeln und analysieren, haben wir bereits gehandelt. Diese Agilität verdanken wir der Fähigkeit, mit Copilot in kürzester Zeit verlässliche Entscheidungsgrundlagen zu schaffen." In volatilen Märkten macht genau dieser Zeitvorsprung oft den Unterschied zwischen Erfolg und Misserfolg.

Die Qualität von Entscheidungen steht und fällt mit dem Vertrauen in die zugrundeliegenden Analysen. Trotz aller Begeisterung für KI-gestützte Prozesse bleibt eine gesunde Skepsis wichtig. Ich empfehle meinen Kunden stets, die Logik hinter Copilots Analysen zu hinterfragen und die Ergebnisse kritisch zu prüfen. Ein CFO eines Industrieunternehmens betonte: "Wir nutzen Copilot intensiv für unsere Entscheidungsvorbereitung, aber wir validieren die wichtigsten Ergebnisse immer durch Stichproben und Plausibilitätschecks." Diese Balance zwischen Effizienzgewinn und kritischer Prüfung führt zu fundierten Entscheidungen mit hoher Akzeptanz im Unternehmen.

Die typischen Anwendungsbereiche für Copilot-gestützte Entscheidungsfindung umfassen:

- **Budgetplanung und -optimierung**: Simulation verschiedener Budgetverteilungen und deren Auswirkungen
- **Preis- und Produktstrategien**: Modellierung von Preisänderungen und Produktmix-Variationen
- **Investitionsentscheidungen**: Vergleich von ROI und Amortisationszeiträumen bei verschiedenen Investitionsalternativen
- **Personalplanung**: Szenarioanalysen für unterschiedliche Team-Zusammensetzungen und Kapazitätsplanungen
- **Marketingstrategien**: Evaluation verschiedener Kampagnenansätze und Budgetallokationen

Ein Controller eines Pharmaunternehmens schilderte mir, wie sein Team Copilot für die Optimierung der Produktionskapazitäten einsetzt: "Wir modellieren verschiedene Produktionsszenarien unter Berücksichtigung von Nachfrageprognosen, Lagerbeständen und Produktionskosten. Was früher eine Woche dauerte, erledigen wir jetzt in einem halben Tag."

Die psychologische Wirkung schnellerer Entscheidungsprozesse sollte nicht unterschätzt werden. Langwierige Analysen führen oft zu "Analysis Paralysis", einem Zustand, in dem Teams vor lauter Daten und Optionen handlungsunfähig werden. Ein Produktmanager beschrieb mir diesen Effekt: "Vor Copilot haben wir manchmal so lange analysiert, bis die Entscheidung faktisch durch Nicht-Handeln getroffen wurde. Jetzt können wir schnell verschiedene Szenarien durchspielen und kommen zügig zu einer fundierten Entscheidung." Diese beschleunigte Entscheidungsfindung reduziert nicht nur Stress im Team, sondern steigert auch die Motivation, da Ergebnisse schneller sichtbar werden.

Die kollaborative Dimension der Entscheidungsfindung gewinnt mit Copilot eine neue Qualität. Teams können gemeinsam an Szenarien arbeiten und die Ergebnisse unmittelbar diskutieren. Ein Marketingleiter schwärmte: "In unseren Strategiemeetings nutzen wir Copilot, um live verschiedene Ideen zu testen. Jemand schlägt eine Alternative vor, und wir können sofort sehen, wie sie sich auswirken würde. Das macht unsere Diskussionen viel produktiver und faktenbasierter."

Die Integration von Copilot-generierten Analysen in Ihre Entscheidungsprozesse erfordert eine systematische Herangehensweise. Ich empfehle folgendes Vorgehen:

1. **Klar definieren**: Formulieren Sie präzise, welche Entscheidung getroffen werden muss
2. **Szenarien entwickeln**: Identifizieren Sie die relevanten Variablen und Alternativszenarien
3. **Modellieren**: Lassen Sie Copilot die Szenarien durchrechnen und vergleichen
4. **Validieren**: Prüfen Sie die Ergebnisse auf Plausibilität und validieren Sie Kernaussagen
5. **Visualisieren**: Nutzen Sie Copilot für überzeugende Visualisierungen der Entscheidungsoptionen
6. **Entscheiden**: Treffen Sie Ihre Entscheidung basierend auf den validierten Erkenntnissen

Ein Finanzvorstand fasste zusammen: "Dieser strukturierte Prozess gibt uns Sicherheit bei der Nutzung von KI. Wir gewinnen enorm an Geschwindigkeit, ohne Abstriche bei der Qualität zu machen."

Die Präsentation von Entscheidungsgrundlagen vor Stakeholdern profitiert ebenfalls von Copilot. Sie können überzeugende Berichte und Präsentationen erstellen, die Ihre Entscheidung transparent und nachvollziehbar machen. Ein Unternehmensberater teilte mir mit: "Die Fähigkeit, komplexe Szenarioanalysen verständlich zu visualisieren und zu erklären, hat mir schon manches Mandat gesichert. Die Kunden schätzen die Klarheit und Nachvollziehbarkeit, die wir mit Copilot-generierten Materialien bieten können."

Die kontinuierliche Verbesserung Ihrer Entscheidungsprozesse durch Feedback-Schleifen bildet einen weiteren Vorteil der Copilot-Integration. Ein Controller berichtete: "Wir dokumentieren unsere Entscheidungen und die zugrundeliegenden Szenarien. Nach einigen Monaten lassen wir Copilot analysieren, welche Prognosen am genauesten waren und welche Faktoren wir unterschätzt haben. Dieses strukturierte Lernen aus Erfahrung hat unsere Entscheidungsqualität deutlich verbessert."

Die Kombination aus menschlicher Intuition und KI-gestützter Analyse erzeugt einen Synergieeffekt, der weit über die Summe der Einzelteile hinausgeht. Während Copilot objektive Datenanalysen und Simulationen liefert, bringen Sie Ihr Erfahrungswissen, Ihre Intuition und Ihr Verständnis des Marktumfelds ein. Ein erfahrener CEO formulierte es treffend: "Die KI zeigt uns, was die Daten sagen. Wir entscheiden, was das für unser Geschäft bedeutet."

In den folgenden Abschnitten werden wir tiefer in die Welt der Szenarioanalysen einsteigen und zeigen, wie Sie verschiedene Geschäftsszenarien mit Copilot modellieren und vergleichen können. Sie lernen, wie Sie die Auswirkungen von Variablenänderungen schnell bewerten und fundierte Entscheidungen treffen können. Wir beschäftigen uns auch mit der wichtigen Frage des Vertrauens in KI-gestützte Analysen und zeigen Ihnen, wie Sie die Ergebnisse kritisch prüfen und sicher in Ihre Entscheidungsprozesse integrieren können.

Die Beschleunigung der Entscheidungsfindung durch Copilot markiert einen Paradigmenwechsel in der Unternehmenssteuerung. Sie gewinnen nicht nur Zeit, sondern auch Qualität und Sicherheit bei Ihren Entscheidungen. Lassen Sie uns gemeinsam erkunden, wie Sie dieses Potenzial voll ausschöpfen können.

5.1 Szenarioanalysen und Was-wäre-wenn-Simulationen durchführen

5.1.1 Verschiedene Geschäftsszenarien mühelos mit Copilot modellieren und vergleichen

Die Fähigkeit, verschiedene Geschäftsszenarien schnell zu modellieren und zu vergleichen, stellt einen entscheidenden Wettbewerbsvorteil in der heutigen dynamischen Wirtschaftswelt dar. In meiner Beratungspraxis erlebe ich regelmäßig, wie Unternehmen wertvolle Zeit verlieren, weil sie unterschiedliche Strategien und Optionen manuell durchrechnen müssen. Ein Finanzleiter eines mittelständischen Fertigungsunternehmens beschrieb mir seine Frustration: "Für unsere Quartalsplanung benötige ich drei volle Tage, um verschiedene Produktionsszenarien zu modellieren. Nach dieser zeitraubenden Arbeit bleibt kaum noch Energie für die strategische Interpretation."

Die traditionelle Szenariomodellierung mit Excel erfordert umfangreiche manuelle Anpassungen. Sie müssen Annahmen ändern, Formeln überprüfen und sicherstellen, dass alle abhängigen Berechnungen korrekt aktualisiert werden. Dieser Prozess ist nicht nur zeitaufwendig, sondern auch fehleranfällig. Ein kleiner Fehler in einer Formel kann das gesamte Modell kompromittieren. Microsoft 365 Copilot revolutioniert diesen Prozess, indem es Ihnen ermöglicht, verschiedene Szenarien mühelos zu erstellen und zu vergleichen, ohne sich in technischen Details zu verlieren.

Der grundlegende Ansatz zur Szenariomodellierung mit Copilot umfasst mehrere Schritte:

1. **Basismodell definieren**: Erstellen Sie zunächst ein Grundmodell mit Ihren Basisdaten und -annahmen
2. **Schlüsselvariablen identifizieren**: Bestimmen Sie, welche Variablen Sie in Ihren Szenarien variieren möchten
3. **Szenarien formulieren**: Beschreiben Sie die verschiedenen Szenarien in natürlicher Sprache
4. **Analyse automatisieren**: Lassen Sie Copilot die Berechnungen für alle Szenarien durchführen
5. **Ergebnisse vergleichen**: Nutzen Sie Copilot, um die Unterschiede zwischen den Szenarien zu analysieren

Ein Controller eines E-Commerce-Unternehmens nutzte diesen Ansatz erfolgreich, um verschiedene Preisstrategien zu evaluieren. Anstatt mühsam mehrere Varianten manuell zu berechnen, formulierte er folgenden Prompt: "Erstelle drei Preisszenarien für unsere Produktlinie basierend auf den Daten in Tabelle 'Produktpreise': Szenario 1 mit 5% Preiserhöhung, Szenario 2 mit 10% Preiserhöhung und Szenario 3 mit differenzierten Preiserhöhungen (15% für Premium-Produkte, 5% für Standard-Produkte). Berechne für jedes Szenario den erwarteten Umsatz, Deckungsbeitrag und Gewinn unter Berücksichtigung einer Preiselastizität von -1,2 für Standard- und -0,8 für Premium-Produkte."

Die Vielfalt möglicher Szenarioanalysen mit Copilot ist beeindruckend. Basierend auf meinen Erfahrungen mit verschiedenen Unternehmen habe ich folgende häufige Anwendungsfälle identifiziert:

- **Preisszenarien**: Modellierung verschiedener Preisstrategien und deren Auswirkungen auf Umsatz, Marge und Marktanteil
- **Budgetallokationen**: Vergleich unterschiedlicher Verteilungen von Budgets auf Abteilungen, Projekte oder Marketingkanäle

- **Kapazitätsplanung**: Simulation verschiedener Produktionskapazitäten und deren Einfluss auf Kosten und Lieferfähigkeit
- **Marktentwicklungen**: Modellierung unterschiedlicher Marktszenarien wie Wachstum, Stagnation oder Rezession
- **Investitionsvarianten**: Vergleich verschiedener Investitionsoptionen mit unterschiedlichen Annahmen zu ROI und Amortisation

Die Formulierung präziser Prompts für Szenarioanalysen folgt bestimmten Prinzipien, die ich in meinen Workshops vermittle:

- **Klare Szenariodefinition**: Beschreiben Sie jedes Szenario eindeutig mit seinen spezifischen Annahmen
- **Relevante Kennzahlen**: Geben Sie an, welche Kennzahlen für jeden Vergleich berechnet werden sollen
- **Rahmenbedingungen**: Definieren Sie wichtige Parameter wie Elastizitäten oder Einschränkungen
- **Ausgabeformat**: Spezifizieren Sie, wie die Ergebnisse dargestellt werden sollen (Tabelle, Diagramm, etc.)
- **Sensitivitäten**: Bitten Sie um Analysen, wie sensitiv die Ergebnisse auf Änderungen der Annahmen reagieren

Ein Finanzanalyst eines Pharmaunternehmens formulierte folgenden umfassenden Prompt: "Vergleiche drei Investitionsszenarien für unsere F&E-Pipeline basierend auf Tabelle 'Investitionsplanung': Szenario A mit Fokus auf Produkt X (60% des Budgets), Szenario B mit Gleichverteilung auf alle Projekte und Szenario C mit Priorisierung nach ROI-Ranking. Berechne für jedes Szenario den erwarteten NPV, IRR und Payback-Zeitraum. Berücksichtige dabei drei verschiedene Marktentwicklungen: optimistisch, realistisch und pessimistisch gemäß den Annahmen in Tabelle 'Marktprognosen'. Stelle die Ergebnisse in einer übersichtlichen Matrix mit farblicher Hervorhebung der besten Option je Marktszenario dar."

Die Vergleichsanalyse mehrerer Szenarien gleichzeitig stellt eine besondere Stärke von Copilot dar. Statt Szenarien einzeln zu berechnen und dann mühsam zu vergleichen, können Sie die KI bitten, eine umfassende Gegenüberstellung zu erstellen. Ein Marketingleiter nutzte diesen Ansatz: "Erstelle eine vergleichende Analyse unserer drei Marketingstrategien aus Tabelle 'Kampagnenplanung'. Zeige für jede Strategie die erwarteten KPIs (CAC, ROAS, Conversion Rate) und berechne den Break-even-Zeitpunkt. Identifiziere die optimale Strategie basierend auf einem gewichteten Scoring-System mit folgenden Faktoren: ROI (40%), Skalierbarkeit (30%), Risiko (30%)."

Die Integration von Sensitivitätsanalysen in Ihre Szenariomodellierung erhöht die Robustheit Ihrer Entscheidungen. Bitten Sie Copilot, die Auswirkungen veränderter Annahmen auf Ihre Ergebnisse zu berechnen. Ein Controller formulierte: "Führe eine Sensitivitätsanalyse für unser Investitionsszenario durch. Zeige, wie sich Änderungen der Annahmen (Zinssatz ±2%, Marktentwicklung ±15%, Implementierungskosten ±20%) auf den ROI und die Amortisationszeit auswirken. Identifiziere die kritischen Variablen mit dem größten Einfluss auf das Ergebnis."

Die Berücksichtigung unterschiedlicher Zeithorizonte in Ihren Szenarioanalysen gibt Ihnen ein umfassenderes Bild. Ein Finanzvorstand nutzte folgenden Prompt: "Modelliere unsere drei Wachstumsstrategien aus Tabelle 'Strategieoptionen' über verschiedene Zeithorizonte: kurzfristig (1 Jahr), mittelfristig (3 Jahre) und langfristig (5 Jahre). Berechne für jede Strategie die Entwicklung von Umsatz, Marktanteil und EBITDA. Identifiziere Strategien, die in bestimmten Zeiträumen dominieren, und solche, die längerfristig vorteilhafter werden."

Die Visualisierung von Szenarienvergleichen verstärkt die Aussagekraft Ihrer Analysen erheblich. Bitten Sie Copilot, die Ergebnisse grafisch darzustellen: "Visualisiere den Vergleich unserer drei Expansionsszenarien in einem Spinnendiagramm mit den Dimensionen Investitionsbedarf, ROI, Risiko, Skalierbarkeit und strategischer Fit. Erstelle zusätzlich ein Balkendiagramm, das die finanziellen Kennzahlen über einen Fünfjahreszeitraum vergleicht." Diese visuellen Darstellungen helfen, komplexe Vergleiche intuitiv erfassbar zu machen.

Die Simulation von Best-, Base- und Worst-Case-Szenarien gehört zu den Standardanwendungen in meinen Beratungsprojekten. Ein Vertriebsleiter nutzte diesen Ansatz: "Erstelle drei Umsatzprognosen basierend auf unseren historischen Daten: Best-Case (oberes Quartil unserer Wachstumsraten), Base-Case (Median) und Worst-Case (unteres Quartil). Berücksichtige saisonale Muster und aktuelle Markttrends. Zeige die kumulativen Effekte dieser Szenarien auf unseren Cashflow und die Liquiditätsreserven über die nächsten sechs Quartale."

Die Kombination quantitativer und qualitativer Faktoren in Ihren Szenarioanalysen führt zu ganzheitlicheren Entscheidungsgrundlagen. Ein Innovationsmanager formulierte: "Vergleiche unsere drei Produktentwicklungsstrategien nicht nur nach quantitativen Metriken (Entwicklungskosten, Marktpotenzial, ROI), sondern berücksichtige auch qualitative Faktoren wie strategische Passung, Innovationsgrad und Nachhaltigkeit. Entwickle ein gewichtetes Scoring-Modell und visualisiere die Ergebnisse in einer Heat-Map."

5.1.2 DIE AUSWIRKUNGEN VON VARIABLENÄNDERUNGEN AUF IHRE ERGEBNISSE SCHNELL BEWERTEN

Die Geschwindigkeit, mit der Sie Auswirkungen von Variablenänderungen bewerten können, bestimmt oft Ihren strategischen Vorteil im Geschäftsalltag. In meiner Beratungspraxis erlebe ich täglich, wie Entscheidungsträger vor komplexen Excel-Tabellen sitzen und mühsam einzelne Parameter ändern, um deren Effekte zu verstehen. Ein Finanzleiter eines mittelständischen Unternehmens schilderte mir seine Frustration:

"Für jede Änderung eines Parameters muss ich die gesamte Modelllogik überprüfen und sicherstellen, dass alle Formeln korrekt aktualisiert werden. Dieser Prozess kostet mich bei komplexen Modellen schnell einen halben Arbeitstag."

Copilot revolutioniert diese zeitaufwendige Arbeit durch die Fähigkeit, Variablenänderungen in Echtzeit zu simulieren und deren Auswirkungen sofort sichtbar zu machen. Im Gegensatz zu traditionellen Methoden, bei denen Sie manuell Werte ändern und Ergebnisse neu berechnen müssen, können Sie Copilot direkt bitten, verschiedene Parameterkombinationen durchzuspielen und die Resultate zu vergleichen. Dies macht What-if-Analysen nicht nur schneller, sondern auch präziser und umfassender.

Die Kernaspekte bei der Bewertung von Variablenänderungen mit Copilot umfassen:

- **Sensitivitätsanalysen**: Identifizieren Sie, welche Variablen den größten Einfluss auf Ihre Ergebnisse haben
- **Elastizitätsberechnungen**: Bestimmen Sie, wie stark sich prozentuale Änderungen in Eingabevariablen auf Ihre Zielwerte auswirken
- **Grenzwertanalysen**: Finden Sie die kritischen Schwellenwerte, ab denen sich Ergebnisse signifikant verändern
- **Interdependenzprüfungen**: Verstehen Sie, wie sich Variablenänderungen gegenseitig beeinflussen
- **Robustheitsprüfungen**: Testen Sie, wie stabil Ihre Ergebnisse gegenüber verschiedenen Parameterschwankungen sind

Ein Controller eines E-Commerce-Unternehmens formulierte folgenden erfolgreichen Prompt: "Analysiere die Sensitivität unseres Deckungsbeitrags gegenüber Veränderungen von Verkaufspreis (±10%), Rohstoffkosten (±15%) und Marketingausgaben (±20%). Zeige die prozentualen Auswirkungen jeder Variable auf den Deckungsbeitrag und identifiziere den sensitivsten Parameter." Copilot lieferte innerhalb von Sekunden eine vollständige Sensitivitätsanalyse, die zeigte, dass in diesem Fall Preisänderungen den größten Hebel auf die Profitabilität hatten.

Die Formulierung präziser Prompts für Variablenänderungen folgt einem strukturierten Schema:

1. **Variable und Variationsbereich definieren**: Geben Sie klar an, welche Variablen Sie in welchem Bereich variieren möchten
2. **Zielgrößen festlegen**: Bestimmen Sie, welche Ausgabevariablen Sie beobachten wollen
3. **Analysetyp spezifizieren**: Erläutern Sie, ob Sie eine Sensitivitätsanalyse, Grenzwertanalyse oder andere Methode anwenden möchten
4. **Darstellungsform vorgeben**: Bitten Sie um eine spezifische Visualisierung der Ergebnisse
5. **Kontextuelle Faktoren einbeziehen**: Erwähnen Sie relevante Rahmenbedingungen oder Einschränkungen

Ein Marketinganalyst nutzte diesen Ansatz erfolgreich mit folgendem Prompt: "Modelliere die Auswirkungen verschiedener Marketingbudgetallokationen auf unseren ROI. Variiere die Anteile für Online-Werbung (30-60%), Print (10-30%) und Events (20-40%), wobei die Gesamtsumme immer 100% betragen muss. Stelle die Ergebnisse in einem Tornadodiagramm dar und identifiziere die optimale Allokation für maximalen ROI."

Die Granularität Ihrer Variablenänderungen beeinflusst maßgeblich die Qualität der Ergebnisse. Für eine Feinjustierung empfehle ich, kleinstufige Änderungen in den relevantesten Bereichen anzufordern. Ein Finanzanalyst formulierte: "Analysiere die Auswirkungen von Zinsänderungen auf unsere Finanzierungskosten. Betrachte den Bereich von 2% bis 6% in Schritten von 0,25 Prozentpunkten. Zeige die Ergebnisse als Kurve und markiere den Punkt, ab dem die Mehrkosten kritisch für unsere Profitabilität werden."

Die Kombination mehrerer Variablen in einer Analyse ermöglicht tiefere Einblicke in komplexe Zusammenhänge. Ein Controller nutzte diesen Ansatz: "Erstelle eine zweidimensionale Sensitivitätsanalyse mit Verkaufspreis und Produktionsvolumen als Variablen. Variiere den Preis von 80€ bis 120€ in 5€-Schritten und das Volumen von 1.000 bis 5.000 Einheiten in 500er-Schritten. Stelle die resultierenden Deckungsbeiträge als Heatmap dar und markiere die optimale Kombination." Diese mehrdimensionale Betrachtung offenbarte Wechselwirkungen, die bei eindimensionalen Analysen verborgen geblieben wären.

Die Interpretation der Ergebnisse von Variablenänderungen erfordert sowohl analytisches Verständnis als auch Branchenkenntnis. Bitten Sie Copilot, die Auswirkungen im Kontext Ihres Geschäftsfeldes zu erläutern. Ein Produktmanager formulierte: "Analysiere, wie sich eine Preiserhöhung um 5% auf unseren Absatz und Umsatz auswirken würde, basierend auf historischen Elastizitäten in unserer Branche. Erkläre die Ergebnisse im Kontext des aktuellen Marktumfelds und der Wettbewerbssituation." Diese kontextuelle Einbettung half, die reinen Zahlen in praktische Geschäftserkenntnisse zu übersetzen.

Die verschiedenen Darstellungsformen für Variablenanalysen sollten je nach Anwendungsfall strategisch gewählt werden:

- **Tornado-Diagramme**: Ideal für die Visualisierung der relativen Wichtigkeit verschiedener Variablen
- **Sensitivitätstabellen**: Übersichtliche Darstellung numerischer Auswirkungen verschiedener Parameteränderungen
- **Heatmaps**: Perfekt für die Visualisierung von Interaktionen zwischen zwei Variablen
- **Liniendiagramme**: Gut geeignet für die Darstellung von Trendverläufen bei kontinuierlichen Parameteränderungen

- **Wasserfall-Diagramme**: Hilfreich zur Visualisierung kumulativer Effekte mehrerer Variablenänderungen

Ein Vertriebsleiter nutzte Copilot, um die optimale Darstellungsform zu identifizieren: "Welches Diagramm eignet sich am besten, um den Einfluss von Preis, Qualität und Lieferzeit auf die Kundenzufriedenheit zu visualisieren? Erstelle diese Visualisierung basierend auf den Daten in Tabelle 'Kundenfeedback'." Copilot empfahl ein Spinnendiagramm und erstellte dies direkt mit den relevanten Daten.

Die Kommunikation der Ergebnisse von Variablenanalysen an Entscheidungsträger stellt eine besondere Herausforderung dar. Ich empfehle, Copilot um eine prägnante Zusammenfassung zu bitten: "Fasse die wichtigsten Erkenntnisse aus der Sensitivitätsanalyse in 3-5 klaren Handlungsempfehlungen zusammen. Fokussiere auf die Variablen mit dem größten Einfluss und formuliere konkrete Maßnahmen zur Optimierung." Diese Verdichtung komplexer Analysen in handlungsorientierte Erkenntnisse macht Ihre Arbeit für das Management besonders wertvoll.

Die Integration von realistischen Beschränkungen in Ihre Variablenanalysen erhöht deren praktische Relevanz erheblich. Ein Produktionsplaner formulierte: "Analysiere die Auswirkungen verschiedener Produktionspläne auf unsere Kosten und Lieferzeiten. Berücksichtige dabei unsere Kapazitätsbegrenzungen: maximal 200 Produktionseinheiten pro Tag, mindestens 50 Einheiten pro Produktlinie, maximale Rüstzeit von 4 Stunden täglich." Diese realitätsnahe Modellierung führte zu unmittelbar umsetzbaren Ergebnissen.

Extremwertanalysen helfen, die Robustheit Ihrer Pläne unter Stressbedingungen zu testen. Ein Finanzcontroller bat Copilot: "Erstelle eine Extremwertanalyse für unser Cashflow-Modell. Teste Szenarien mit gleichzeitigen Zahlungsverzögerungen von bis zu 60 Tagen bei 30% unserer Kunden und Preiserhöhungen von bis zu

25% bei kritischen Rohstoffen. Identifiziere den Punkt, an dem wir Liquiditätsprobleme bekommen würden." Diese Art von Stresstests sind entscheidend für ein robustes Risikomanagement.

Die zeitliche Dimension von Variablenänderungen sollte in Ihren Analysen nicht vernachlässigt werden. Manche Effekte entfalten sich erst über längere Zeiträume oder führen zu Kettenreaktionen. Ein Strategieberater formulierte: "Analysiere die langfristigen Auswirkungen einer Preiserhöhung von 10% auf Marktanteil, Kundenloyalität und Gesamtprofitabilität über einen Zeitraum von 3 Jahren. Berücksichtige dabei verzögerte Effekte wie Wettbewerbsreaktionen und Kundengewöhnungseffekte." Diese dynamische Perspektive ergänzte die sonst oft statische Betrachtung in traditionellen Analysen.

Die Kombination interner und externer Variablen in Ihren Analysen führt zu ganzheitlicheren Einblicken. Ein Geschäftsführer nutzte Copilot für folgende Anfrage: "Modelliere, wie sich verschiedene Kombinationen aus internen Faktoren (Preis ±5%, Produktqualität +10%/-5%, Marketingbudget ±20%) und externen Faktoren (Marktwachstum +5%/0%/-10%, Wettbewerbsintensität hoch/mittel/niedrig) auf unseren Umsatz und Marktanteil auswirken würden. Identifiziere robuste Strategien, die unter verschiedenen externen Bedingungen gut funktionieren." Diese umfassende Betrachtung half, Strategien zu entwickeln, die auch bei wechselnden Marktbedingungen erfolgreich sind.

Mit Copilot können Sie auch komplexe, nichtlineare Zusammenhänge zwischen Variablen analysieren, die mit traditionellen Methoden schwer zu erfassen wären. Ein Produktmanager formulierte: "Untersuche die nichtlinearen Beziehungen zwischen Preis, Nachfrage und Warenverfügbarkeit in unserem E-Commerce-Geschäft. Modelliere insbesondere die Schwellenwerte, ab denen Preissenkungen keinen positiven Effekt mehr auf die Nachfrage haben oder Verfügbarkeitsengpässe zu überproportionalen Umsatzeinbußen führen." Diese Analyse half dem Unternehmen, seine Preis- und Lagerhaltungsstrategie zu optimieren.

5.2 Vertrauen in KI-gestützte Analysen aufbauen und Ergebnisse validieren

5.2.1 Die Logik hinter Copilot-Analysen nachvollziehen und Ergebnisse kritisch prüfen

Blindes Vertrauen in KI-Systeme kann gefährlich sein, selbst bei fortschrittlichen Tools wie Microsoft 365 Copilot. In meiner Beratungspraxis beobachte ich immer wieder, wie Anwender die von Copilot generierten Analysen ohne kritische Prüfung übernehmen. Ein Finanzcontroller eines mittelständischen Unternehmens gestand mir: "Ich habe eine Budgetprognose basierend auf einer Copilot-Analyse präsentiert, ohne die Zahlen zu überprüfen. Später stellte sich heraus, dass die KI eine wichtige Saisonalität in unseren Daten falsch interpretiert hatte." Solche Erfahrungen unterstreichen die Notwendigkeit, die Funktionsweise von Copilot zu verstehen und seine Ergebnisse kritisch zu prüfen.

Die Nachvollziehbarkeit von KI-Analysen bildet das Fundament für Vertrauen und verantwortungsvolle Nutzung. Copilot ist ein mächtiges Werkzeug, aber kein unfehlbarer Orakel. Der Schlüssel liegt darin, die grundlegenden Prinzipien zu verstehen, nach denen die KI arbeitet, ohne sich in technischen Details zu verlieren. Ein strukturiertes Verständnis hilft Ihnen, die Stärken zu nutzen und potenzielle Schwächen zu erkennen.

Die fundamentalen Mechanismen von Copilot-Analysen basieren auf mehreren Schlüsselprinzipien:

- **Mustererkennung**: Copilot identifiziert statistische Muster und Korrelationen in Ihren Daten
- **Kontextanalyse**: Die KI interpretiert Ihre Anfragen im Kontext der vorliegenden Daten
- **Sprachmodellwissen**: Copilot greift auf sein vortrainiertes Wissen über Analysetechniken zurück

- **Prädiktive Modellierung**: Für Prognosen nutzt Copilot statistische Vorhersagemethoden
- **Heuristiken**: Für komplexe Probleme verwendet die KI bewährte Faustregeln

Die Grenzen dieser Technologie zu kennen ist ebenso wichtig wie ihre Stärken. Ein Marketingleiter beschrieb mir seine Erkenntnis: "Nachdem ich verstanden hatte, dass Copilot primär statistische Muster erkennt, aber Kausalität nicht beweisen kann, begann ich, die Ergebnisse differenzierter zu interpretieren." Diese realistische Einschätzung führt zu einer ausgewogeneren Nutzung, bei der die KI als Unterstützung, nicht als Ersatz für menschliches Urteilsvermögen dient.

Die typischen Stärken von Copilot-Analysen liegen in Bereichen, wo Mustererkennung und statistische Verfahren dominieren:

- **Große Datenmengen**: Schnelle Verarbeitung und Analyse umfangreicher Datensätze
- **Komplexe Korrelationen**: Erkennung nicht-offensichtlicher Zusammenhänge zwischen Variablen
- **Standardanalysen**: Zuverlässige Durchführung etablierter statistischer Verfahren
- **Objektive Mustersuche**: Unvoreingenommene Identifikation von Trends und Ausreißern
- **Konsistente Anwendung**: Gleichbleibende Qualität bei repetitiven Analyseaufgaben

Die potenziellen Schwächen und Limitierungen sollten Sie ebenso im Blick behalten:

- **Kausale Schlussfolgerungen**: Copilot kann Korrelationen erkennen, aber Kausalität nicht beweisen
- **Kontextuelles Verständnis**: Begrenzte Fähigkeit, branchenspezifische oder unternehmensinterne Faktoren zu berücksichtigen

- **Datenkritik**: Keine eigenständige Bewertung der Datenqualität oder -repräsentativität
- **Innovatives Denken**: Eingeschränkte Fähigkeit zu radikal neuartigen Analyseansätzen
- **Ethische Bewertung**: Keine Eigenverantwortung für ethische Implikationen der Analysen

Der strukturierte Prozess zur kritischen Prüfung von Copilot-Ergebnissen folgt einem bewährten Ablauf:

1. **Plausibilitätsprüfung**: Bewerten Sie, ob die Ergebnisse mit Ihrem Fachwissen und Erfahrungen übereinstimmen
2. **Stichprobenvalidierung**: Überprüfen Sie ausgewählte Berechnungen oder Schlussfolgerungen manuell
3. **Konsistenzprüfung**: Stellen Sie sicher, dass die Ergebnisse intern widerspruchsfrei sind
4. **Methodenprüfung**: Bitten Sie Copilot, die verwendeten Analysemethoden zu erläutern
5. **Alternativanalyse**: Testen Sie andere Formulierungen oder Ansätze zum gleichen Problem
6. **Sensitivitätsanalyse**: Prüfen Sie, wie stark kleine Änderungen in den Daten die Ergebnisse beeinflussen

Ein Controller eines Automobilzulieferers entwickelte einen pragmatischen Ansatz: "Bei jeder Copilot-Analyse prüfe ich mindestens drei zufällig ausgewählte Zahlen und bitte die KI, ihre Methodik zu erklären. Dieser schnelle Check hat schon mehrfach problematische Annahmen aufgedeckt."

Die Transparenzanforderung an KI-Analysen gewinnt zunehmend an Bedeutung. Bitten Sie Copilot explizit, seine Vorgehensweise zu erläutern: "Erkläre mir, welche Analysemethode du für diese Korrelationsanalyse verwendet hast und welche Annahmen dabei getroffen wurden." Diese Transparenz hilft Ihnen nicht nur, die Ergebnisse besser zu verstehen, sondern auch, sie gegenüber Kollegen oder Vorgesetzten zu vertreten.

Fragwürdige oder überraschende Ergebnisse sollten immer ein Alarmsignal sein. Ein Finanzanalyst teilte mir mit: "Als Copilot eine ungewöhnlich hohe Korrelation zwischen zwei Variablen identifizierte, forderte ich eine detaillierte Erklärung an. Es stellte sich heraus, dass ein einzelner extremer Ausreißer das Ergebnis stark beeinflusste." Bei unerwarteten Ergebnissen lohnt es sich, gezielt nachzufragen und Alternativanalysen durchzuführen.

Die Rolle des menschlichen Urteilsvermögens bleibt unverzichtbar. Ihre Branchenkenntnis, Ihr Kontextwissen und Ihre ethische Bewertungsfähigkeit sind Aspekte, die Copilot nicht ersetzen kann. Ein erfahrener CFO formulierte es treffend: "Copilot ist wie ein brillanter Analyst ohne Branchenerfahrung. Es liefert beeindruckende technische Analysen, aber die Einordnung in den Geschäftskontext muss durch uns erfolgen."

Die verschiedenen Validierungsstrategien für unterschiedliche Analysetypen umfassen:

- **Für Korrelationsanalysen**: Prüfen Sie die Verteilung der Daten und den Einfluss von Ausreißern
- **Für Zeitreihenanalysen**: Validieren Sie Muster an historischen Wendepunkten und prüfen Sie saisonale Effekte
- **Für Prognosemodelle**: Testen Sie mit historischen Daten, ob das Modell vergangene Entwicklungen korrekt vorhergesagt hätte
- **Für Klassifikationen**: Untersuchen Sie Grenzfälle und die Robustheit der Kategorisierung
- **Für Textanalysen**: Vergleichen Sie die Interpretation mit menschlichen Einschätzungen

Ein Versicherungsanalyst entwickelte einen cleveren Ansatz: "Ich frage Copilot nach den drei größten Unsicherheitsfaktoren in seiner Analyse. Das zwingt die KI, ihre eigenen Limitationen offenzulegen und gibt mir wertvolle Hinweise für die kritische Prüfung."

Die Kommunikation von Unsicherheiten gehört zu einer verantwortungsvollen Nutzung von KI-Analysen. Wenn Sie Copilot-Ergebnisse mit anderen teilen, kommunizieren Sie transparent die Grenzen und potenziellen Unsicherheiten. Ein Controller berichtete: "Ich präsentiere Copilot-Analysen immer mit einer kurzen Erläuterung der Methodik und möglicher Einschränkungen. Das schafft Vertrauen und schützt vor überzogenen Erwartungen."

Die kontinuierliche Verbesserung durch Feedback-Schleifen stellt einen entscheidenden Vorteil dar. Dokumentieren Sie, wo Copilot-Analysen besonders hilfreich waren und wo Schwächen auftraten. Ein Finanzteam führte ein einfaches Log ein, in dem sie Copilot-Analysen und deren spätere Validierung dokumentierten. Diese systematische Erfassung half ihnen, die Stärken und Schwächen der KI besser zu verstehen und ihre Prompts kontinuierlich zu optimieren.

Die Balance zwischen Effizienzgewinn und kritischer Prüfung erfordert einen pragmatischen Ansatz. Ein Marketingleiter entwickelte eine simple Faustregel: "Je kritischer die Entscheidung basierend auf der Analyse, desto mehr Zeit investieren wir in die Validierung. Für explorative Analysen oder erste Einschätzungen akzeptieren wir ein höheres Restrisiko zugunsten der Geschwindigkeit." Diese differenzierte Herangehensweise maximiert den Nutzen von Copilot, während sie das Risiko auf ein akzeptables Niveau begrenzt.

Die Kombination von KI-Stärken mit menschlicher Expertise schafft den größten Mehrwert. In diesem hybriden Ansatz übernimmt Copilot die rechenintensive Analyse und Mustererkennung, während Sie Ihre Domänenexpertise, Ihr kritisches Denken und Ihre ethische Bewertungsfähigkeit einbringen. Diese Synergie zwischen Mensch und KI führt zu Ergebnissen, die weder die KI noch der Mensch allein erreichen könnte.

5.2.2 KI-ERKENNTNISSE SICHER IN IHRE BERICHTE UND PRÄSENTATIONEN INTEGRIEREN FÜR FUNDIERTE ENTSCHEIDUNGEN

Die mühelose Integration von Copilot-Analysen in Ihre Berichte und Präsentationen bildet den krönenden Abschluss des Analyseprozesses. In meiner Beratungspraxis erlebe ich häufig, wie Fachexperten hochwertige Analysen erstellen, dann aber Schwierigkeiten haben, diese Erkenntnisse überzeugend zu kommunizieren. Ein Finanzcontroller eines mittelständischen Unternehmens beschrieb mir seine Frustration: "Ich verbringe Stunden mit der Analyse unserer Quartalszahlen, aber wenn es darum geht, die Erkenntnisse präsentationsreif aufzubereiten, kostet mich das fast ebenso viel Zeit." Mit Copilot können Sie diesen letzten Schritt ebenso effizient gestalten wie die Analyse selbst.

Die Kunst der Integration von KI-Erkenntnissen in Ihre Kommunikation beruht auf einer Balance zwischen technischer Präzision und verständlicher Aufbereitung. Copilot unterstützt Sie dabei, komplexe Daten in klare Botschaften zu transformieren, ohne deren Substanz zu verwässern. Ein Marketing-Manager formulierte es treffend: "Copilot hilft mir, aus Daten Geschichten zu machen, die auch Nicht-Analysten verstehen und auf deren Basis wir gemeinsam entscheiden können."

Die sichere Integration von KI-Erkenntnissen in Ihre Berichte folgt einem strukturierten Prozess:

1. **Ergebnisse validieren**: Prüfen Sie kritisch die Richtigkeit und Relevanz der KI-generierten Erkenntnisse
2. **Kernbotschaften extrahieren**: Identifizieren Sie die wichtigsten Erkenntnisse und deren Implikationen
3. **Zielgruppengerechte Aufbereitung**: Passen Sie Detailtiefe und Fachsprache an Ihre Zielgruppe an

4. **Visualisierung optimieren**: Ergänzen Sie aussagekräftige Diagramme und visuelle Elemente
5. **Kontext hinzufügen**: Erläutern Sie Hintergründe und Zusammenhänge zu den KI-Erkenntnissen
6. **Handlungsempfehlungen ableiten**: Formulieren Sie konkrete nächste Schritte auf Basis der Analysen

Ein Vertriebsleiter eines Technologieunternehmens nutzte diesen Ansatz erfolgreich mit folgendem Prompt: "Fasse die Haupterkenntnisse unserer Absatzanalyse für das letzte Quartal zusammen und bereite sie für eine Präsentation vor dem Vorstand auf. Hebe die drei wichtigsten Trends hervor, erkläre mögliche Ursachen und formuliere konkrete Handlungsempfehlungen. Erstelle eine PowerPoint-ähnliche Gliederung mit maximal 5 Folien."

Die verschiedenen Zielgruppen für Ihre Berichte erfordern unterschiedliche Aufbereitungen der KI-Erkenntnisse:

- **Geschäftsführung/Vorstand**: Fokus auf strategische Implikationen, klare Handlungsoptionen und finanzielle Auswirkungen
- **Fachabteilungsleiter**: Detailliertere Einblicke mit direktem Bezug zu ihrem Verantwortungsbereich
- **Operative Teams**: Konkrete, handlungsorientierte Erkenntnisse für die tägliche Arbeit
- **Externe Stakeholder**: Ausgewogene Darstellung ohne interne Details oder sensible Informationen

Ein Controller nutzte Copilot, um seine KI-Erkenntnisse zielgruppenspezifisch aufzubereiten. Sein Prompt lautete: "Erstelle aus der vorliegenden Kostenanalyse drei unterschiedliche Versionen: eine kompakte Executive Summary für die Geschäftsführung mit Fokus auf Kostentrends und strategischen Handlungsoptionen, eine detaillierte Version für die Abteilungsleiter mit abteilungsspezifischen Kostentreibern und eine operative Version für die Teams mit konkreten Einsparpotenzialen."

Die transparente Kommunikation der Methodik stärkt das Vertrauen in Ihre KI-gestützten Analysen. Ich empfehle, in Ihren Berichten kurz zu erläutern, wie die KI-Erkenntnisse generiert wurden und welche Validierungsschritte Sie durchgeführt haben. Ein Finanzanalyst formulierte diesen Abschnitt so: "Diese Analyse wurde mit Unterstützung von Microsoft 365 Copilot erstellt. Die identifizierten Trends wurden manuell anhand historischer Daten validiert und mit Branchenbenchmarks abgeglichen."

Die narrative Einbettung von Daten erhöht deren Wirkung und Verständlichkeit erheblich. Bitten Sie Copilot, Ihre KI-Erkenntnisse in einen erzählerischen Kontext zu setzen: "Erstelle einen narrativen Berichtsabschnitt, der unsere Kundensegmentierungsanalyse in eine zusammenhängende Geschichte einbettet. Erkläre, wie sich das Kaufverhalten unserer Hauptkundensegmente entwickelt hat und welche Faktoren diese Entwicklung beeinflusst haben könnten." Diese narrative Struktur hilft Ihren Lesern, Zusammenhänge besser zu verstehen und sich die Erkenntnisse zu merken.

Die Kombination von Daten und visuellen Elementen verstärkt die Wirkung Ihrer Botschaft. Nutzen Sie Copilot, um passende Visualisierungen zu erstellen: "Generiere für die identifizierten Umsatztrends geeignete Diagramme, die den Zusammenhang zwischen Saisonalität, Produktkategorie und Kundensegment verdeutlichen. Füge erklärende Beschriftungen hinzu und hebe kritische Datenpunkte farblich hervor." Diese visuelle Unterstützung macht komplexe Zusammenhänge auf einen Blick erfassbar.

Die Ableitung konkreter Handlungsempfehlungen bildet den Brückenschlag von der Analyse zur Entscheidung. Bitten Sie Copilot um Unterstützung bei diesem wichtigen Schritt: "Basierend auf unserer Analyse der Kundenzufriedenheitsdaten, formuliere fünf konkrete, priorisierte Handlungsempfehlungen. Berücksichtige dabei Umsetzbarkeit, erwarteten Impact und erforderliche Ressourcen." Ein Marketingleiter berichtete mir, dass gerade dieser Schritt ihm half, aus Daten tatsächliche Veränderungen zu initiieren.

Die Qualitätssicherung Ihrer integrierten KI-Erkenntnisse sollte nicht vernachlässigt werden. Prüfen Sie kritisch, ob die von Copilot aufbereiteten Inhalte alle wesentlichen Aspekte korrekt darstellen. Eigenwillige Interpretationen oder vereinfachende Schlussfolgerungen sollten Sie identifizieren und korrigieren. Ein Finanzteam entwickelte dafür eine einfache Checkliste:

- **Faktentreue**: Stimmen alle Zahlen und Daten mit der ursprünglichen Analyse überein?
- **Vollständigkeit**: Sind alle wesentlichen Erkenntnisse integriert?
- **Ausgewogenheit**: Werden auch kritische Aspekte oder Einschränkungen dargestellt?
- **Logische Konsistenz**: Sind die Schlussfolgerungen durch die Daten gedeckt?
- **Zielgruppenorientierung**: Ist die Aufbereitung für die intendierte Zielgruppe angemessen?

Die Erstellung interaktiver Elemente für Ihre Präsentationen erhöht deren Wirkung und Flexibilität. Ein Vertriebsleiter nutzte Copilot mit folgendem Prompt: "Erstelle ein interaktives Element für meine Präsentation, das es mir ermöglicht, verschiedene Verkaufsszenarien live vorzuführen. Das Element sollte mir erlauben, Parameter wie Preis, Verkaufsvolumen und Kundentyp anzupassen und sofort die Auswirkungen auf Umsatz und Marge zu sehen." Diese Art von interaktiven Elementen ermöglicht es Ihnen, flexibel auf Fragen einzugehen und verschiedene Szenarien im Gespräch zu illustrieren.

Die Integration mehrerer Datenquellen in eine konsistente Erzählung stellt eine besondere Herausforderung dar. Copilot kann

Ihnen dabei helfen, verschiedene Analysen kohärent zusammenzuführen. Ein Controller formulierte: "Integriere die Erkenntnisse aus unserer Kostenanalyse, Kundenzufriedenheitsumfrage und Wettbewerbsanalyse in einen zusammenhängenden Bericht. Identifiziere übergreifende Muster und stelle Zusammenhänge zwischen den verschiedenen Datensätzen her." Diese Synthesefähigkeit hilft, isolierte Erkenntnisse in einen größeren strategischen Kontext zu stellen.

Die Feedbackschleife als kontinuierlicher Verbesserungsprozess sollte fest in Ihre Berichterstellung integriert werden. Dokumentieren Sie, wie Ihre Berichte und Präsentationen ankommen und welche Fragen sie aufwerfen. Diese Erkenntnisse können Sie nutzen, um künftige KI-gestützte Berichte noch wirksamer zu gestalten. Ein Marketingteam bat Copilot regelmäßig: "Basierend auf den häufigsten Fragen zu unserem letzten Bericht, welche Aspekte sollten wir in der nächsten Version ausführlicher behandeln oder anders darstellen?"

Die Balance zwischen Detailtiefe und Prägnanz bleibt eine ständige Herausforderung. Copilot kann Ihnen dabei helfen, lange Berichte auf das Wesentliche zu komprimieren. Ein Finanzanalyst nutzte diesen Prompt mit großem Erfolg: "Verdichte unseren 30-seitigen Quartalsbericht auf eine prägnante 5-Seiten-Version für das Management-Meeting. Behalte alle kritischen Erkenntnisse und Handlungsempfehlungen bei, aber reduziere Details und technische Erläuterungen auf das Nötigste."

Die wirkungsvolle Integration von KI-Erkenntnissen in Ihre Berichte und Präsentationen markiert den Unterschied zwischen reiner Datenanalyse und tatsächlicher Entscheidungsunterstützung. Mit Copilot können Sie diesen entscheidenden Schritt erheblich beschleunigen und qualitativ verbessern. Ein CFO fasste es treffend zusammen: "Unsere Analysen sind nur so gut wie unsere Fähigkeit, sie verständlich zu kommunizieren und in konkrete Entscheidungen zu überführen. Copilot hat uns dabei geholfen, diese letzte Meile zu meistern."

SCHLUSSFOLGERUNG

Was wäre möglich, wenn jede Datenanalyse so intuitiv wie ein Gespräch und so präzise wie eine Formel wäre? Diese Frage begleitete mich durch meine gesamte Reise mit Microsoft 365 Copilot und Excel. Nach zahlreichen Beratungsprojekten, Workshops und Implementierungen bin ich überzeugt: Wir erleben den Beginn einer fundamentalen Transformation in der Art, wie wir mit Daten arbeiten. Die Integration von KI-Assistenten wie Copilot in vertraute Tools wie Excel markiert einen Wendepunkt für alle, die täglich mit Daten arbeiten und Entscheidungen treffen müssen.

Der Weg, den wir in diesem Buch gemeinsam zurückgelegt haben, spiegelt die Reise wider, die viele meiner Klienten durchlaufen haben. Wir begannen mit der Erkenntnis, dass traditionelle Excel-Arbeit oft von Frustration, Zeitdruck und dem Gefühl, in Daten zu ertrinken, geprägt ist. Diese Herausforderungen bilden den Ausgangspunkt für viele Fachkräfte im Controlling, Finanzwesen oder Marketing. Sie kennen das Gefühl, wenn wichtige Entscheidungen auf Ihre Analysen warten, während Sie noch mit der Datenbereinigung kämpfen oder komplexe Formeln konstruieren.

Die Integration von Copilot verändert dieses Erleben grundlegend. Sie haben gesehen, wie die einfache Kommunikation in natürlicher Sprache Türen öffnet, die vorher nur Excel-Experten vorbehalten waren. Die Fähigkeit, Ihre Gedanken und Fragen direkt zu formulieren, ohne den Umweg über technische Formeln und Funktionen, demokratisiert die Datenanalyse und macht sie zugänglicher für alle Mitglieder Ihres Teams.

153

In meiner praktischen Arbeit mit Unternehmen verschiedenster Größen und Branchen beobachte ich immer wieder drei zentrale Transformationen, die mit der Einführung von Copilot in Excel einhergehen:

- **Von der technischen Hürde zur inhaltlichen Fokussierung**: Fachexperten verbringen weniger Zeit mit der Mechanik der Datenverarbeitung und mehr Zeit mit der Interpretation der Ergebnisse.
- **Vom isolierten Wissen zur demokratisierten Analyse**: Datenanalyse wird zugänglicher für alle Teammitglieder, nicht nur für Excel-Spezialisten.
- **Von der reaktiven zur proaktiven Entscheidungsfindung**: Durch die Beschleunigung des Analyseprozesses können Entscheidungen schneller und auf einer breiteren Datenbasis getroffen werden.

Die Zeitersparnis durch die Automatisierung von Routineaufgaben stellt einen der greifbarsten Vorteile dar. Ein Controlling-Team eines mittelständischen Fertigungsunternehmens berichtete mir, dass sie die Zeit für die monatliche Berichterstellung von drei Tagen auf einen halben Tag reduzieren konnten. Diese gewonnene Zeit investieren sie nun in tiefergehende Analysen und strategische Beratung des Managements. Die Qualität ihrer Arbeit hat sich verbessert, während der damit verbundene Stress deutlich abgenommen hat.

Die Fähigkeit, komplexe Fragen in natürlicher Sprache zu stellen und sofortige, verständliche Antworten zu erhalten, verändert grundlegend, wie wir über Daten nachdenken. Anstatt uns zu fragen "Wie könnte ich diese Analyse in Excel umsetzen?", können wir uns direkt fragen "Was möchte ich über diese Daten wissen?". Diese kognitive Verschiebung mag subtil erscheinen, ist aber in ihrer Wirkung tiefgreifend.

Der Weg von der reinen Datensammlung zur wertschöpfenden Analyse verläuft nicht linear. Er fordert uns heraus, alte

Denkmuster zu hinterfragen und neue Fähigkeiten zu entwickeln. Die Kunst des effektiven Prompt Engineerings, die wir in diesem Buch erkundet haben, stellt eine solche neue Kompetenz dar. Die Fähigkeit, präzise, zielgerichtete Fragen zu formulieren, wird in Zukunft genauso wichtig sein wie das traditionelle Excel-Fachwissen.

Besonders beeindruckt mich immer wieder, wie Copilot die Zusammenarbeit im Team verändert. Ein Marketingleiter eines E-Commerce-Unternehmens schilderte mir, wie Strategiemeetings transformiert wurden, seit sie Copilot für Live-Analysen nutzen. Anstatt Hypothesen zu diskutieren und dann jemanden zu beauftragen, diese zu prüfen, können sie Annahmen direkt im Meeting testen und auf Basis der Ergebnisse weiterdiskutieren. Diese unmittelbare Feedback-Schleife beschleunigt nicht nur den Entscheidungsprozess, sondern führt auch zu fundierteren, datengestützten Entscheidungen.

Die Integration von Copilot in unsere Arbeit erfordert auch ein neues Gleichgewicht zwischen Vertrauen in die KI und kritischem Denken. Wie wir in diesem Buch gesehen haben, ist die kritische Prüfung der KI-generierten Ergebnisse ein wesentlicher Bestandteil einer verantwortungsvollen Nutzung. Dieses Gleichgewicht zu finden, stellt eine Lernkurve dar, die jeder Anwender durchlaufen muss.

Meine Vision für die Zukunft der Datenanalyse mit Copilot geht über die reine Effizienzsteigerung hinaus. Ich sehe eine Zukunft, in der jede Fachkraft unabhängig von ihrem technischen Hintergrund tiefer in ihre Daten eintauchen und wertvolle Erkenntnisse gewinnen kann. Eine Zukunft, in der die Grenzen zwischen Datenanalysten und Fachabteilungen verschwimmen, weil alle Mitarbeiter die Fähigkeit haben, ihre Daten zu verstehen und zu nutzen.

Die wahre Transformation liegt nicht in der Technologie selbst, sondern in der Art, wie sie unsere Arbeit und unser Denken verändert. Copilot ist nicht nur ein Tool zur Automatisierung von Aufgaben, sondern ein Katalysator für einen kulturellen Wandel in der Art, wie Organisationen mit Daten arbeiten und Entscheidungen treffen.

Lassen Sie mich einen Moment innehalten und reflektieren, welche Reise wir in diesem Buch zusammen unternommen haben:

1. Wir haben die Grundlagen für die effektive Nutzung von Copilot in Excel geschaffen und gelernt, wie wir durch präzise Prompts klare Anweisungen geben können.
2. Wir haben erkundet, wie Routineaufgaben wie Datenbereinigung, Formatierung und Formelerstellung automatisiert werden können, um wertvolle Zeit zu sparen.
3. Wir haben gesehen, wie Copilot komplexe Analysen vereinfacht, versteckte Muster aufdeckt und uns hilft, gezielte Fragen an unsere Daten zu stellen.
4. Wir haben gelernt, aussagekräftige Visualisierungen zu erstellen und dynamische Dashboards zu generieren, die unsere Erkenntnisse klar kommunizieren.
5. Wir haben erkundet, wie wir verschiedene Geschäftsszenarien modellieren und die Auswirkungen von Variablenänderungen schnell bewerten können.
6. Wir haben uns mit der kritischen Prüfung von KI-Ergebnissen beschäftigt und gelernt, wie wir Erkenntnisse sicher in unsere Entscheidungsprozesse integrieren können.

Diese Reise markiert einen fundamentalen Wandel in unserem Umgang mit Daten. Von der mühsamen, manuellen Arbeit hin zu einer dialogbasierten, intuitiven Interaktion mit unseren Daten. Vom Gefühl der Überforderung angesichts komplexer Analyseaufgaben hin zu einem selbstbewussten, neugierigen Erkunden von Datenmustern und Zusammenhängen.

Die Herausforderungen, mit denen Sie am Anfang Ihrer Excel-Arbeit konfrontiert waren, haben sich gewandelt. Die

Zeitfresser, die wir identifiziert haben, die manuelle Datenbereinigung, das Formulieren komplexer Formeln, das mühsame Erstellen von Berichten, diese Hürden haben mit Copilot an Schrecken verloren. An ihre Stelle tritt eine neue Freiheit, sich auf die wirklich wichtigen Fragen zu konzentrieren: Was sagen uns die Daten? Welche Erkenntnisse können wir gewinnen? Welche Entscheidungen sollten wir treffen?

Ich beobachte bei meinen Klienten immer wieder, wie diese Verschiebung des Fokus zu einer tieferen Verbindung mit ihren Daten führt. Ein Finanzcontroller beschrieb mir diesen Wandel als "Befreiung von der technischen Mühsal hin zur analytischen Freude". Diese neue Freude an der Datenexploration stellt für mich einen der wertvollsten, wenn auch weniger messbaren Vorteile von Copilot dar.

Die Reise mit Copilot und Excel ist nicht abgeschlossen. Die KI-Technologie entwickelt sich ständig weiter, und mit jeder neuen Version erweitern sich die Möglichkeiten. Ich ermutige Sie, experimentierfreudig zu bleiben und die Grenzen dessen, was möglich ist, kontinuierlich zu erkunden. Die effektivsten Copilot-Nutzer, die ich kenne, zeichnen sich durch ihre Neugier und Bereitschaft zum Experimentieren aus.

Für Ihre weitere Reise möchte ich Ihnen einige Gedanken mit auf den Weg geben:

- **Bleiben Sie kritisch**: Copilot ist ein mächtiges Werkzeug, aber kein unfehlbares Orakel. Ihre fachliche Expertise und Ihr kritisches Denken sind unerlässlich, um die KI-generierten Ergebnisse zu bewerten und einzuordnen.
- **Teilen Sie Ihr Wissen**: Die Demokratisierung der Datenanalyse durch Copilot bietet die Chance, Wissen und Fähigkeiten im Team zu teilen. Schaffen Sie eine Kultur des Austauschs über effektive Prompts und Anwendungsfälle.
- **Denken Sie ganzheitlich**: Die größten Gewinne entstehen, wenn Sie Copilot in Ihre gesamten Arbeitsprozesse

integrieren, nicht nur als isoliertes Tool für einzelne Aufgaben betrachten.

- **Schätzen Sie menschliche Stärken**: Die einzigartigen menschlichen Fähigkeiten wie Kreativität, Empathie und ethisches Urteilsvermögen gewinnen im Zusammenspiel mit KI-Systemen an Bedeutung.

Die zunehmende Integration von KI in unsere Arbeitswelt wirft auch wichtige Fragen auf, die über die reine Effizienzsteigerung hinausgehen. Wie verändert sich die Rolle von Analysten und Controllern, wenn grundlegende Analyseaufgaben automatisiert werden? Wie stellen wir sicher, dass die Vorteile der KI-gestützten Analyse allen Mitarbeitern zugutekommen? Wie bewahren wir ein tiefes Verständnis unserer Daten, wenn Copilot uns viele analytische Schritte abnimmt?

Diese Fragen haben keine einfachen Antworten. Sie erfordern einen kontinuierlichen Dialog innerhalb Ihrer Organisation und ein bewusstes Gestalten der Transformation. Als jemand, der viele Unternehmen durch diesen Wandel begleitet hat, kann ich Ihnen versichern: Die Investition in diesen Dialog lohnt sich. Organisationen, die einen reflektierten Ansatz zur Integration von KI-Werkzeugen wie Copilot wählen, ernten nicht nur Effizienzgewinne, sondern schaffen auch eine positive, zukunftsfähige Arbeitskultur.

Der Schlüssel zum Erfolg liegt in der Verbindung von menschlicher Expertise und KI-Unterstützung. Copilot ist am wertvollsten, wenn es als Erweiterung Ihrer analytischen Fähigkeiten betrachtet wird, nicht als deren Ersatz. Die Kombination aus Ihrem Domänenwissen, Ihrer Erfahrung und Intuition mit der Rechenleistung und Mustererkennung von Copilot schafft ein Ganzes, das mehr ist als die Summe seiner Teile.

Diese synergetische Beziehung zwischen Mensch und KI steht erst am Anfang ihrer Entwicklung. Mit jedem Tag, mit jeder neuen Version von Copilot, mit jedem neuen Anwendungsfall, den Sie entdecken, schreiben wir gemeinsam die Geschichte dieser Transformation weiter. Sie sind nicht nur Nutzer dieser Technologie, sondern aktive Gestalter ihrer Integration in unsere Arbeitswelt.

Lassen Sie mich zum Abschluss ein Bild malen: Stellen Sie sich eine Welt vor, in der jeder Mitarbeiter, vom Praktikanten bis zur Führungskraft, die Fähigkeit besitzt, komplexe Daten zu verstehen, zu analysieren und für fundierte Entscheidungen zu nutzen. Eine Welt, in der die technischen Hürden der Datenanalyse verschwunden sind und der Fokus vollständig auf den Erkenntnissen und ihren Implikationen liegt. Eine Welt, in der Organisationen agiler, informierter und zukunftsfähiger sind, weil sie das volle Potenzial ihrer Daten ausschöpfen können.

Diese Vision mag ambitioniert erscheinen, aber die Werkzeuge, die wir in diesem Buch erkundet haben, bringen uns einen bedeutenden Schritt näher an ihre Verwirklichung. Copilot in Excel ist nicht nur ein Produktivitätstool, sondern ein Katalysator für eine tiefgreifende Transformation in der Art, wie wir mit Daten arbeiten und Entscheidungen treffen.

Während unsere Reise durch dieses Buch nun endet, beginnt Ihre persönliche Reise mit Copilot erst richtig. Die Konzepte, Techniken und Strategien, die wir gemeinsam erkundet haben, sind Ihr Ausgangspunkt. Der wahre Wert entfaltet sich, wenn Sie dieses Wissen in Ihrem spezifischen Kontext anwenden, experimentieren und Ihre eigenen, einzigartigen Anwendungsfälle entdecken.

Ich lade Sie ein, diese Reise mit Neugier und Experimentierfreude anzutreten. Jeder Prompt, jede Analyse, jede Visualisierung, die Sie mit Copilot erstellen, ist ein Schritt auf dem Weg zu einer neuen Art der Datenarbeit. Eine Datenarbeit, die weniger von technischen Hürden und mehr von inhaltlicher Tiefe geprägt ist. Eine Datenarbeit, die Ihnen ermöglicht, Ihr volles Potenzial als Analyst, Controller, Marketingexperte oder Entscheidungsträger zu entfalten.

Die Technologie ist bereit. Die Werkzeuge liegen in Ihren Händen. Die Frage ist: Wie werden Sie sie nutzen, um Ihre Arbeit, Ihr Team und Ihre Organisation zu transformieren? Die Antwort auf diese Frage liegt nicht in diesem Buch, sondern in Ihrer Bereitschaft, das Gelernte anzuwenden, zu experimentieren und kontinuierlich zu lernen.

Ich freue mich darauf, von Ihren Erfolgen zu hören und vielleicht eines Tages Ihre eigenen Erkenntnisse und Best Practices kennenzulernen. Denn die wahre Kraft der KI-Revolution in Excel liegt nicht in der Technologie selbst, sondern in der Gemeinschaft der Anwender, die sie immer wieder neu erfinden und an ihre spezifischen Bedürfnisse anpassen.

Machen Sie sich auf den Weg. Die Zukunft der Datenanalyse mit Copilot in Excel hat gerade erst begonnen, und Sie sind Teil dieser spannenden Reise.

DANKSAGUNG

Dieser Leitfaden zur Transformation von Excel-Arbeit durch Copilot entstand durch unzählige Gespräche mit Fachkräften, die täglich mit Datenanalysen ringen. Jede Frustration, jeder Zeitdruck und jede Erfolgsgeschichte, die mir anvertraut wurde, formte mein Verständnis dafür, wie KI unsere Arbeit wirklich verbessern kann.

Mein besonderer Dank gilt meinem Mentor Stefan, der meine Begeisterung für datengestützte Entscheidungsfindung entfachte, und meinem Team, das unermüdlich Konzepte testete und verfeinerte. Die zahlreichen Controller, Finanzanalysten und Marketingexperten, die mir ihre Herausforderungen anvertrauten, haben dieses Buch erst möglich gemacht.

Was mich am meisten motiviert hat: Ihr Mut, vertraute Arbeitsweisen zu hinterfragen und neue Wege zu erkunden. Dieser Pioniergeist inspiriert mich täglich.

Wenn Sie Wert aus diesem Buch ziehen konnten, freue ich mich über Ihre Gedanken und Erfahrungen. Jede geteilte Erkenntnis bereichert unsere gemeinsame Reise zur effizienteren, stressfreieren Datenarbeit.

Lukas Becker